SOY ENFERMERA
Curando mis miedos

Marietta León Hemmelmann

EDIQUID

SOY ENFERMERA
Curando mis miedos
© Marietta León Hemmelmann

Editado por: Corporación Ígneo, S.A.C.
para su sello editorial Ediquid
Av. Arequipa 185 1380, Urb. Santa Beatriz. Lima, Perú
Primera edición, agosto, 2022

ISBN: 978-612-5078-28-5
Tiraje: 50 ejemplares

Hecho el Depósito Legal en la Biblioteca Nacional del Perú N° 2022-07448
Se terminó de imprimir en agosto de 2022 en:
ALEPH IMPRESIONES SRL
Jr. Risso Nro. 580 Lince, Lima

www.grupoigneo.com
Correo electrónico: contacto@grupoigneo.com
Facebook: Grupo Ígneo | Twitter: @editorialigneo | Instagram: @grupoigneo

Reservados todos los derechos. El contenido de esta obra está protegido por leyes de ámbito nacional e internacional, que establecen penas de prisión y/o multas, además de las correspondientes indemnizaciones por daños y perjuicios, para quienes reprodujeren, plagiaren, distribuyeren o comunicaren públicamente, en todo o en parte, una obra literaria, artística o científica, o su transformación, interpretación o ejecución artística fijada en cualquier tipo de soporte o comunicada a través de cualquier medio, sin la preceptiva autorización.

Diseño de portada: Susana Santos
Corrección: Daniela Olivero
Diagramación: Gisela Toledo

Colección: Integrales

Índice

Palabras previas 9

Mi niñez 11

La dictadura en Chile 27

Mi adolescencia 31

La enfermería 33

Ya enfermera 43

Más miedos 89

Mi vida ahora 91

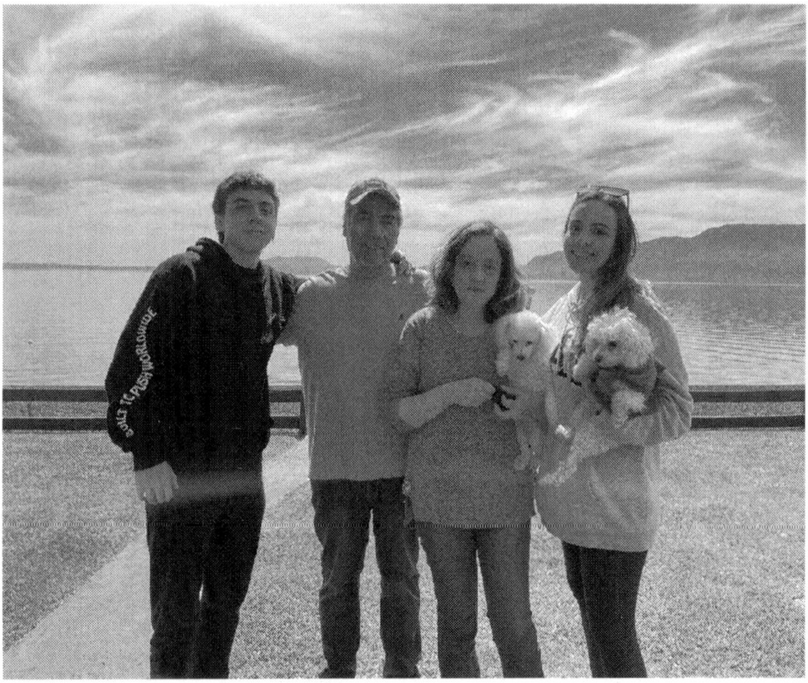

Dedicado a mis pacientes, mi familia, equipo de trabajo y enfermeros de nuestro país.

A mi padre, Sergio Daniel León Escobar, pintor, escultor y hombre trabajador.

A mi madre, Selma Hingele Hemmelmann Ducomunn, madre ejemplar, dueña de casa y cuidadora de muchos de sus nietos.

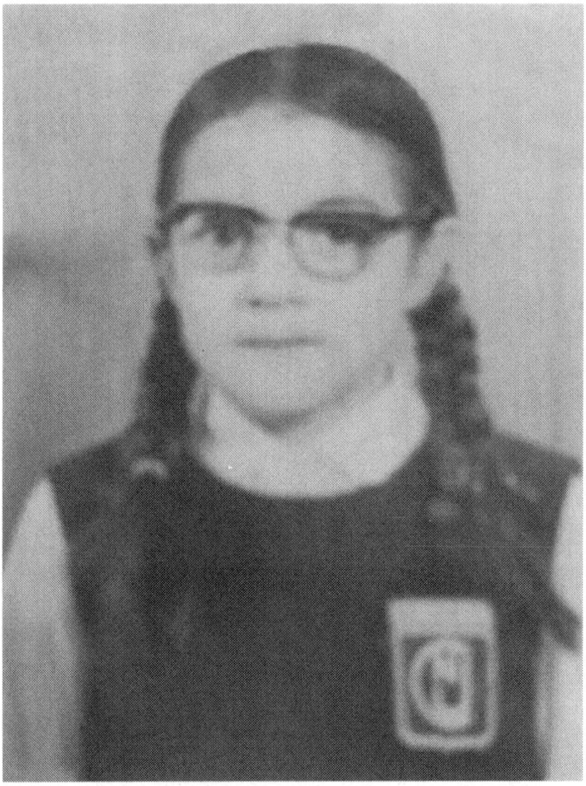

Palabras previas

Tengo una vida común, según me he dado cuenta, comparada con historias de películas o incluso con historias de la vida real.

Nací en los 60 y tantos. Ya paso los 50 años, para que se hagan una idea de lo que puedo pensar de la vida, de los momentos históricos vividos.

Esto está escrito por una necesidad de dejar la experiencia de una vida común, de mi vida, de algunos aspectos de esta; otros, quedarán guardados en un baúl para siempre, con momentos dulces y algunos muy amargos y tristes, pero que han permitido el resultado de mi vida actual.

Este relato habla de una niña tímida, insegura, a veces triste. Habla de una niña que vivió la dictadura y el golpe militar; de muchos miedos, de esfuerzo permanente para ayudar a los demás, de una adolescente común que empezó a soñar con ser enfermera. Y lo soy, pasando muchas experiencias como alumna y como profesional, buenas y malas, pero todas dejaron algo importante: una enseñanza.

Habla del retorno de la democracia y la dificultad de que los gobernantes realmente se jueguen por el pueblo y no por intereses personales o políticos.

Habla de mi amor por la enfermería, del amor a mi familia, de la injusticia social de este país, de gobiernos inconsecuentes y sin empatía con la pobreza y la clase media como yo.

Y, sobre todo, es un relato que aborda la pobreza, miseria, soledad, angustia, pena y enfermedades mal manejadas de nuestras personas mayores. No escuchan, no ven, se caen; y todo esto tiene solución, pero las soluciones llegan muy tarde para ellos y perjudican por años su calidad de vida.

Quiero motivar a los que tienen más tiempo a mejorar este mundo, a proteger a los viejos, a que nadie pase hambre ni frío, y lo más importante: a ser enfermera/o por vocación y luchar por la dignidad e importancia de nuestra labor.

Y hoy, luchando contra el coronavirus, trabajando sin parar; aun con miedo y con incertidumbre del futuro, no podíamos parar de atender a nuestros pacientes dependientes severos. No les podíamos decir: «Tengo miedo, mañana no vendré a cambiar su sonda». Protegidos con delantales, escudo facial, guantes, mascarilla, pensando siempre que podíamos estar atendiendo a una familia completa contagiada con este maldito virus. Con calor, lentes empañados, sofocados y, en ocasiones, con fatiga. Casas sobre 30 °C y vehículos sin aire acondicionado para largos traslados.

Esto aún no termina; ha sido difícil, pero ha demostrado que la enfermería es un eslabón irreemplazable en esta cadena sanitaria.

Rogando no contagiar a mi familia, con mucho miedo, extremando medidas de aseo al llegar a mi domicilio; medidas que cansan y que te alejan también de tus seres queridos.

Tuvimos que olvidar los abrazos, los besos, los saludos de manos y tantas conductas sociales importantes para el ser humano. Tuvimos que aprender a sonreír con los ojos o a carcajadas. Ya no compartíamos nuestras colaciones por no tocar lo que no fuera nuestro.

Tendremos una generación adulta distinta, marcada por una niñez diferente: sin abrazos entre compañeros, sin interactuar en la escuela. Será interesante ver los resultados de estos niños quienes, además, han tenido más interacción con la familia directa para estudiar y han estado juntos por más tiempo gracias al teletrabajo.

Mi niñez

Mis primeros recuerdos son como de los 5 años, cuando solo jugaba y peleaba con mis hermanos. Algo raro pasaba conmigo; siempre enojada y mirando con la cara baja y tapándome mi ojo izquierdo. Me costaba escribir y mi caligrafía era horrible, lo que me provocó angustia en la escuela.

Mi padre, tan responsable e inteligente, me llevó al oculista en Concepción. Veía poquísimo. La solución: anteojos. Era bueno ver pero, luego, mis problemas fueron peores.

«Cuatro ojos», «pirata», «guatona»; todo dicho por mis compañeros varones desde cuarto básico. No sé si esto me ayudó a tener una personalidad siempre insegura y con autoestima baja. No disfrutaba mi vida ni mi niñez como debiera ser. Los niños son crueles, pero no con intención. Solo dicen lo que sienten. Para mí, era un miedo permanente ir al colegio. Tenía dolores de cabeza falsos para no ir, pero solo me creyeron un par de veces.

¡Qué miedo levantarme en la mañana y saber que tenía que enfrentar todo el día esta situación y, además, sin saber lo que podría pasar durante la jornada!

Bucha, qué pena. ¿Cómo no se dieron cuenta de lo que sufría? En esos tiempos no se acostumbraba que te llevaran al psicólogo o algo parecido. Solo recuerdo algunas conversaciones con mi hermana mayor, quien trataba de calmarme. Ella me decía: «Tú eres linda y tu familia te ama, que es lo más importante». Sus palabras me daban fuerza para seguir adelante, secar mis lágrimas e ir al colegio. Yo siempre tenía miedo al fracaso, a sacar malas notas. No creía en mí y no podría decir que mis padres eran muy exigentes conmigo, solo lo normal. Yo nací con este temperamento que me hace ser ansiosa, insegura; provocando, en muchas ocasiones, tristeza, y, con ello, el hecho de no haber podido disfrutar mi niñez.

Cómo olvidar que me agarraba de la escalera, rogando no ir al colegio por ese dolor de cabeza falso y la mayoría de las veces debía soltarme y resignarme, bajar las escaleras e ir al colegio.

Siempre me sentí muy fea. No me atrevía a sacarme mis anteojos para que no vieran mis ojeras y, además, no veía nada. Tenía hipermetropía severa con anteojos como lupa. ¡Qué horror! Los odiaba y, para peor, tenía que usar un parche en el ojo derecho, supuestamente para ejercitar el izquierdo. Cómo olvidar mis oraciones a Dios; solo le pedía dos cosas: no usar lentes y que no se acabara el mundo. Qué tristes las preocupaciones de una niña de 8 años, en una época en la que no se hablaba de ayuda psicológica ni de *bullying*.

Además, mis padres ya tenían cuatro hijos. Trabajaban mucho, y esa parte nunca la percibieron ni yo dije nada, al menos a esa edad. Nunca los culparía; fueron las circunstancias, los años setenta, mi personalidad, mi visión horrible.

En el colegio, como en segundo básico, siempre estaba sufriendo. Recuerdo una compañera que me tomaba la mano en los recreos y no me soltaba. Era como mi dueña, obligándome a andar de la mano, y yo no era capaz de decirle que no quería estar con ella. Yo veo ahora a los niños de esa edad y la mayoría son seguros, felices y con profesores atentos a este tipo de situaciones. Lo preocupante es que esto queda en tu mente y, por lo tanto, en tu vida y la forma de enfrentarla.

Como no se me ocurría decirle a mi profesora o a mis padres, solo me sometía. Qué tonta; ahora habría hecho que soltara mi mano y me habría ido, pero eso es en este momento que me hago la valiente. En esos años era pura angustia. En ocasiones, me refugiaba en una linda profesora que probablemente entendía lo que me pasaba porque recuerdo que me tomaba de la mano, la tía Katty. Yo me sentía segura y tranquila.

Los niños no deberían sufrir, y yo sufrí mucho por cosas que ahora considero poco importantes y solucionables, pero ya fue así y nunca se me olvidará. Claro, esto justifica varios de mis miedos.

Al tener a mis hijos, estuve muy atenta a no repetir mi experiencia. Una vez, cuando era niño, a mi hijo le pegaron un combo en el estómago y sus amigos corrieron a advertirme al salir a clases. Y yo, bruta, me acerco al niño, le apunto con el dedo y le digo: «Vuelves a tocar a mi hijo y llamo a Carabineros». ¡Pobre!, sus ojos ya se le salían. Y al otro día aparece este niño con su madre en nuestra casa para que su hijo le pidiera perdón al mío. Chuta, ahí me dio pena por el amiguito, pero se dieron la mano y siguieron sin problemas en ese tiempo, cursando el cuarto básico. Yo estaba a la defensiva y esto no fue correcto de mi parte. Siempre les decía que eran los mejores, que no permitieran que nadie los ofendiera ni humillara. Gracias a Dios, eso no pasaba; solo timidez y poca tolerancia a la frustración de mi hijo hasta ahora, a los 19 años. Reaccioné como una leona que soy para defender a mi cachorro.

En definitiva, la niñez marca tu vida. Ahora entiendo la importancia de la educación parvularia, del Programa Chile Crece Contigo, y el Programa del Niño y de la Niña de los Cesfam de nuestro país, donde le dan gran importancia al desarrollo psicomotor, el apego, y pesquisa precoz de *bullying* y maltratos en los colegios donde existe un encargado de convivencia escolar para prevención y manejo de cualquier tipo de maltrato.

También, en mi época, vi maltrato por parte de profesores a alumnos, siendo un colegio privado y católico. Gracias a Dios, recuerdo que duró poco, pero lo vi en compañeros hombres. ¿Se imaginan hoy que un profesor toque a un niño? Sería una demanda segura. Que quede claro que jamás justificaré el maltrato a profesores, tanto físico como psicológico, que también se ve, y ahora existen protocolos para esto. Incluso, protocolos de los padres hacia los profesores. Soy de las que piensa que los valores se reciben en el hogar y, por más misas en los colegios y rezos al inicio de clases, si los valores importantes no los tenemos, todo esto no sirve de nada. El refuerzo y ser consecuente se da en el hogar.

Ya a los 13 años iba a algunas fiestas, muy temprano, en casas de compañeros. Con poco entusiasmo iba a estas fiestas tipo malones en esos tiempos. Todos llevábamos algo para comer. Yo buscaba mi mejor pinta sin poder olvidarme de un buzo cotelé de mezclilla con cierre bien apretado, color terracota. Según yo, me veía linda. Llegaba a la fiesta a sentarme en sillas ordenadas en círculo y nadie me sacaba a bailar, ¡nadie!, y en esos tiempos no se bailaba entre mujeres. Nada que ver. Esto se repetía en todas las famosas fiestas que, para mí, duraban hasta las 00:00. Hora en que mi papá aparecía para buscarme y, en realidad, a veces era mi salvación, ya que me sentía ridícula allí sentada.

Seguía mi vida con miedo siempre; al ridículo, a sacar malas notas, a que me ofendieran, a exponerme públicamente en las clases, a todo.

No era tan malo siempre lo que vivía. Tenía momentos de felicidad cuando iba a jugar a casas de compañeras donde siempre me trataron muy bien. Jugábamos con muñecas, inventábamos historias y hasta tomaba mi mamadera, ya teniendo 10 años.

Lo bueno era que mi amiga también lo hacía, y no puedo dejar de nombrarla: Henny Sobarzo Torres (†).

El tema de las pruebas era terrible. Ansiosa, angustiada y muy preocupada de que me fuera mal, y eso que mis papás jamás me exigieron. Solo una vez cuando tuve unos rojos y mi mamá me llamó la atención. Desde ahí comenzó mi angustia permanente por las notas, en séptimo. Puro sufrimiento.

Llegaba a las 17:30 a mi casa y llamaba a mi papá para asegurarme de que me ayudaría a estudiar apenas llegara del trabajo. Bastaba que me dijera que sí, y así me podía tranquilizar. Nos sentábamos y él me explicaba la materia de lo que fuera, ya que sabía mucho. Luego, yo me ponía a repasar sola.

Mi padre terminó el bachillerato y quedó en Medicina, pero no pudo estudiar por cuidar a sus hermanos, trabajando y manteniéndolos. Siempre fue el más aplicado y nos contaba que, a veces, respondía mal para no sacarse un siete y no molestar a sus compañeros. Sabía de todo: leía de medicina, de enfermería y hasta aprendió de educación parvularia por ayudar a mi hermana mayor. Por su habilidad con las manos, le hacía muchas maquetas, monos pintados con témpera u óleo. ¡Para qué hablar de historia!, se sabía todas las guerras y combates. Fue lector, hasta el día que falleció, del diario La Tercera y cualquier libro que se le apareciera.

Sigo pensando: ¿por qué sufrir tanto, si la vida es bella? Muchos años perdidos y nadie se daba cuenta. Seguían los compañeros molestando, insensibles, preocupados por ser los mejores y los más machos. Ellos no se daban cuenta y, cuando grandes, después de muchos años, egresados del colegio en una junta, uno me pidió disculpas, pero ni siquiera se acordaba. Yo se lo recordé casi como una anécdota para que no se sintiera mal. No culpo a nadie; éramos niños.

No sé cuál habría sido la solución en esos tiempos. No tenía confianza con mi mamá; un poco más con mi papá. En esa época no existía el diálogo con tus padres sobre la parte de la sexualidad, amores, pololos. Tal vez debí haberle dicho a él o a mi hermana mayor para que me aconsejaran o me mandaran a algún orientador que, parece, existían.

Llegó la gira en octavo básico. Fuimos hasta Puerto Montt, pasando por muchas ciudades bellas que no conocía. Mis compañeros, más cancheros. Yo, pava como siempre, y con mis bellos lentes, pero lo bueno es que tenía amigas parecidas a mí: tranquilas, cabras chicas aún y algo pajaronas, sin darnos cuenta de muchas cosas que pasaban con otros compañeros que compraban alcohol y tomaban un poquito, hasta que nuestro maravilloso profesor jefe los pilló y se calmó la cosa.

Conocí mucho: Saltos del Petrohué, Calbuco, Frutillar, Valdivia y mucho más. Nos alojábamos en un internado del colegio en Puerto Montt. Fue una gran aventura para mí conocer estos lugares de mi país, ya que no era algo fácil viajar, al menos para mi familia.

No me quiero olvidar de momentos hermosos de mi niñez; las Navidades, llenas de suspenso, emoción y miedo del Viejito Pascuero. Miedo, pero con felicidad, ya que temíamos verlo o pillarlo dejando los regalos. Mis padres hacían todo un espectáculo para que fuéramos felices y creyéramos en el Viejito hasta tontas grandes. Llegábamos a transpirar esperando que, a la mañana siguiente, estuvieran nuestros regalitos y el Viejito se hubiese comido el pan de pascua que le dejábamos. Lo más maravilloso era la nieve que encontrábamos en la mañana. ¡Ohhh! ¡Me muero de la emoción! Después supe que era escarcha del frízer que mi papá usaba para armar este escenario. Nos hacía felices y teníamos regalos con gran austeridad, pero era mi mejor momento del año. Lo esperaba ansiosa.

En una Navidad, recibimos una bicicleta Mini Maxi roja para las tres mujeres. Mi hermano era cuatro años menor, así que le quedaba grande. En realidad, a nosotras también nos quedaba grande, y yo andaba parada hasta que alcancé los pedales sentada. Obvio, después de muchas caídas y rodillas rotas. Pero la felicidad superaba el dolor.

¡Esa bicicleta fue maravillosa para todas! La turnábamos en una plazoleta cerca de nuestra casa. Nos llevaba una nana de muchos años, y ahí conoció a su esposo. Ella tiene ahora 74 años y sigue trabajando para la familia. Es una linda persona, de esas que ya no encuentras, para cuidar a los niños.

Nunca peleábamos por la bici entre las tres; nos turnábamos y disfrutábamos felices. Ese paseo era un gran momento. Gracias, padres, por estos grandes detalles. Además, no se nos pasaba por la mente tener una para cada una. Y lo máximo era cuando nos llevaban a la plaza Pinto o de Armas; ahí nos creíamos la muerte y paseábamos orgullosas con nuestra joyita.

Era tanta la austeridad, que nos daban un regalo de Navidad a cada uno. Generalmente, una muñeca que yo veía como una reina que me acompañaba todo el año. A veces rubia, a veces morena, y hasta de piel negra. Y todo el año haciéndole ropa e incluso maquillándola. Nunca se nos ocurriría pedir más cosas; la carta al Viejito era súper necesaria y mi papá se encargaba de llevarla al correo con el show correspondiente. Esta fecha me hacía feliz por todo: por la alegría de la gente, por la comida, por ir a cortar un pino al campo con mi papá y adornarlo pensando siempre que era el más bello. La nieve era algodón. Arreglar el árbol era un gran evento familiar que lideraba mi papá y los cuatro siguiendo instrucciones de cómo poner los adornos. Para mí, no existía un árbol más bello que el mío, y era un momento mágico al prender los faroles que aún tenemos después de sesenta años.

En la mañana siguiente era el gran momento; bajar las escaleras y verificar si el Viejito había pasado. «¡Sííí! —decía una con euforia—, ¡ya pasó!», y comenzábamos a leer los paquetes y entregarlos a quien correspondía. No puedo negar que, a veces, me gustaba más el regalo de una hermana, pero solo lo pensaba y disfrutaba el mío. No recuerdo haber tenido esas pataletas que se ven ahora por querer algo.

Mi mamá, preocupada de la cocina, de la casa y de siempre ordenar, pero mi papá era el líder; era él quien nos acurrucaba y nos enseñaba lo que era la vida, el que nos limpiaba el poto y nos ponía Hipoglós. El que nos calmaba y nos daba galletas a mitad de noche. Al ir a acostarnos, nos acurrucaba con las frazadas y decía que miráramos a la pared: «Mire ese punto», y nos dormíamos mirando un punto que no existía.

Mi mamita también aportó mucho: nos elegía la ropa, nos bañaba, nos desenredaba el pelo largo de todas y se preocupaba de que comiéramos mucho, por lo que éramos un poco gorditas. A tal punto que almorzábamos como las 12, y luego la tonta mamadera de leche escuchando los mexicanos que ponía mi nana María. La mía era con Milo y leche entera, que vendían en la calle por litro, la que mi mamá hervía en un lechero como de cinco litros y la nata se la comían con pan. Estos recuerdos quedan en la mente de los niños y, de alguna manera, influyen en tu vida.

Terminaba la Navidad, y el Año Nuevo para mí no tenía ninguna gracia. Solo me daba sueño, daba los abrazos, y a mi camita; aunque siempre teníamos una cena especial y muy rica.

Empezaban las largas vacaciones de verano. Eran interminables para mí, y ya en quinto básico, quería volver a clases en febrero para estar con mis amigas y ponerme todo mi uniforme nuevo. Cómo olvidar que lo miraba y lo doblaba varias veces antes de tener que usarlo, con eso era feliz.

Todos los veranos teníamos un panorama. Cuando más pequeña, viajes al sur en Citroneta a Puyehue, donde una tía nos daba comida con ají. Las tres, atrás, peleando por no quedar al medio, codazos y tirones de pelo. Pobres de mis papás, aguantando la gritadera todo el viaje.

Otra vez, más grandes, fuimos todos a Puerto Montt. Ahí ya existía mi hermano, y dormimos en un hotel. Eso fue maravilloso y nuevo para nosotros. Fuimos a Angelmó y compramos un loro que trajimos en un canasto cuadrado con tapa a Los Ángeles. Él era Bruno, nos acompañó un buen tiempo. El lorito entendía por su nombre y corría a recibirnos al llegar del colegio.

Mis papás siempre estuvieron preocupados de llevarnos una semana de vacaciones más los fines de semana al río, principalmente al Huaqui, que para nosotros era un gran panorama. También tuvimos vacaciones arrendando una casa en el sector del Salto del Laja, donde nos quedábamos como dos semanas muy cerca del río Laja. Allí, nos bañábamos todos los días y hacíamos vida social con los dueños del campo, que eran muy humildes. Todas las tardes íbamos a escuchar música con ellos y con nuestra nana, los mexicanos infaltables, y dar vueltas a caballo.

¡Tremendo panorama estas vacaciones, en una casa de madera! Cada uno con su dormitorio, muy cómodos, donde caían las peras sobre el techo de la casa como piedras, pero nos acostumbramos a este ruido. Comíamos, nos bañábamos, nos lavábamos el pelo con champú en el río y convivíamos con cerdos, caballos, gallinas, vacas y perros. Yo me sentía feliz. Fueron como cuatro veranos que pasábamos nuestras vacaciones en este lugar, todas aún en enseñanza básica.

En las mañanas nos daban leche al pie de la vaca, era leche tibia, que a mí nunca me gustó, pero no tenía opción. Vimos trillas a yegua, lo que no he visto en años, y me sirvió para saber mucho del campo.

Fueron veranos inolvidables, sencillos; con mucha tierra, a pata pelada, comer humitas, andar a caballo, ir a comprar miel, caminar con mucho calor, escuchar rancheras.

A mis papás siempre les gustó el campo y, cuando éramos todas chicas aún, yo como de 11 años, compraron un campo en un sector llamado Mortandad. Se hizo una casa, tenía el río Rarinco, gallinas, caballos, vacas, cerdos, papas, lentejas, alcachofas y mucho más, por lo que aprendí muchas cosas de tipo agrícola. Era maravilloso cosechar papas tratando de encontrar la más grande, miles de frutas como cerezas paloma, duraznos, higos. Anduve mucho a caballo, galopaba y corría; me encantaba. Me permitían invitar a una amiga y era maravilloso jugar con las gallinas, revisar las que estaban echadas esperando a que nacieran los pollos.

Disfrutamos mucho este campo; además, éramos todas niñas todavía, pero mi papá tuvo que venderlo por problemas económicos. Todos entendimos. Ya éramos maduras para empatizar con nuestros padres. Él siempre decía: «Me compraré otro algún día», y así fue. Y fueron sus nietos quienes lo disfrutaron con piscina, frutas, con un río, con una gran casa de dos pisos donde plantamos papas, frambuesas, porotos, habas, zanahorias, frutillas, además de muchos árboles frutales de durazno, uvas, membrillos y ciruelas. Aquí tuvimos muchas juntas familiares todos los hermanos, ya con hijos, quienes disfrutaron mucho. Aún existe este campo, pero está arrendado por algunos problemas financieros que prefiero no comentar.

La vida de mis papás siempre fue en torno a nosotros cuatro. Mi mamá, dueña de casa, nos cuidaba, y mi papá trabajando siempre en el comercio con períodos buenos y otros no tanto, pero nunca sentí o supe que nos faltara para comer. Estábamos en el mejor colegio de Los Ángeles en esa época.

¡Oh!, cómo olvidar un episodio de mi niñez en que mi papá nos puso en clases de danza y guitarra. Él era un artista, pintor y muy hábil con las manos. Pensaba con esperanza, yo creo, que alguno de sus hijos heredaría algo de él. ¡NO! Yo, nada de nada. En danza lo pasaba mal; estaba todo el rato sentada, obviamente, porque no servía para la danza. Y la guitarra, ¡peor! Solo aprendí dedo, mano, dedo, mano. En las clases me dejaban mirando todo el rato, por ser mala para bailar.

Pobre de mi papá, no pudo cumplir su sueño de tener un artista entre sus hijos.

Yo siempre me sentí el patito feo, con anteojos, y mis hermanas mucho más cancheras; yo no veía ninguna solución a esto, solo seguir viviendo. En realidad, tan fea no era, pero los modelos de anteojos eran un factor para verme peor.

Como les digo, no todo fue malo. Hubo momentos lindos en mi vida infantil que disfruté. Una vez fuimos con mi hermana menor a Santiago, a casa de mi padrino, donde había tres primos un poco menores, aunque jugábamos igual. Y un tío y una tía muy cariñosos que nos regaloneaban mucho. Él es hermano de mi padre y aún está con nosotros, viviendo en Los Ángeles a sus 83 años. Él era y es muy especial; obsesivo en muchas cosas como, por ejemplo, tomarle la temperatura al agua de la tina en que bañaba a sus hijos, rompiendo varios termómetros. Cuando él estaba soltero, nos visitaba en Los Ángeles y nos traía de regalo un jarabe para el apetito: «Fostimul, para nosotras que éramos súper gordas». Nos daba una cucharada diaria. No sé si era real o nos estaba chamullando. Mi querido y preocupado padrino siempre me subía la autoestima y no olvidaré un telegrama que me envió al empezar a estudiar Enfermería: «Éxito prometes».

Tuve momentos muy felices en mi niñez, pero en mi casa con mi familia. Cómo olvidar a mi hermana mayor vendiendo huevos que sacábamos de nuestro refrigerador, y yo jugando a vender maní, gritando: «¡Maní, maní!», con mi voz aguda y chillona. Para gritar, mi hermana me tiraba las trenzas, y yo feliz gritando por la calle. No sé si alguien haría eso en estos tiempos. Jugar al luche, a las bolitas, a las muñecas, al circo, al cartero, entre otros.

Mis papis nos enseñaron muchos valores importantes en la vida: ser honestos, bondadosos y muy solidarios, pero, a pesar de esto, un pecadito me costó un tirón de pelo por parte de mi madre. Sin avisarle, como a los 5 años, le saqué plata de su cartera que dejaba detrás del refrigerador y lo que saqué era justo para un helado cremino, que en esos tiempos era un tesoro. Yo, la ingenua sin malas intenciones, llego a mi casa comiéndome el helado y, obvio, ¡salí pillada! Y fue la gran llamada de atención, ya que había robado, y yo no lo había pensado de esa manera. Estaba rico pero no lo disfruté. Aprendí en mi casa, de la Iglesia, que robar es un gran pecado.

¿Qué pasa ahora con jugar al luche, a las muñecas, andar en bicicleta, conversar en la calle con amigos? Qué pena, ya casi no lo veo. Solo veo computadores y teléfonos que mis hijos usan las

24 horas del día, y debo confesar que yo también he tenido que caer en esto, principalmente por mi trabajo, aunque a veces trato que mientras comemos juntos, nadie esté con su teléfono.

Otra faceta de mi niñez era ayudarle a mi papá con mis hermanas a vender juguetes en Navidad, ya que ponían un quiosco en su mueblería, y las tres hermanas de 7, 8 y 12 años envolviendo paquetes, haciendo boletas, recibiendo plata y dando vuelto. A mí me encantaba y disfrutaba cada momento. Estaba lleno de juguetes que me fascinaban, pero mi objetivo era vender mucho para ayudar a mis papás.

Sigamos con mis dramas de niña: cuando tenía 5 años, a mis padres les dio una enfermedad llamada triquinosis, contagiados por comer carne de cerdo infectada. Fue carne regalada que no fue examinada, ya que eran muertes en el campo. Estuvieron muy graves y mi hermana mayor los cuidaba, y a las dos más chicas nos enviaron a Concepción con una gran tía, hermana de mi mamá, y estuvimos como dos semanas lejos hasta que mis padres se recuperaron.

Recuerdo el primer día en Concepción, comiendo puré con huevo donde esta tía. Me corría una lágrima que llegaba a la cuchara de mi comida, dejando el puré salado. Extrañaba a mis padres, a mi hermana mayor, quien sufrió mucho, ya que creían que mis padres morirían y ella escuchaba todos esos comentarios de los adultos que los visitaban. Sé que recuerda estos comentarios hasta ahora, y nos cuenta lo que sufrió al pensar que mis padres se iban a morir y, además, sola, sin sus hermanas. Esto me recuerda cuando les digo a los familiares de mis pacientes terminales que eviten comentarios frente a su pariente, pues la audición y el tacto es lo último que se pierde antes de morir. Por esto, debemos hablarles al oído y calmarlos con palabras de cariño que les den tranquilidad, además de tocarlos, tomarles sus manos y acariciarlos para que sea una despedida llena de amor, a pesar del gran dolor de la familia.

Seguía en el colegio, pero ya en segundo medio no sé qué pasó. Mi papá me llevó a Concepción a un contactólogo, ¡oh!, mi vida cambió. Me puse los lentes de contacto y veía bien, aunque era un tremendo esfuerzo aprender a ponérmelos sin que se me cayeran, ya que yo no veía casi nada sin lentes. Lo logré y me saqué los anteojos. ¡Gracias, papá! Fue un cambio de vida para mí. Llegué a clases y los pajarones de mis compañeros no me reconocieron porque también me corté el pelo. Por ende, era otra, mucho más feliz. Ahí comenzó el drama diario de lograr ponerme los lentes de contacto. No es fácil. Incluso, una vez se me cayeron al suelo y no los encontraba porque no veía nada, y ni les cuento lo caros que eran… Ese día fue inolvidable, pero los encontré.

Las primeras semanas, todas las mañanas eran casi un ritual para ponérmelos; lo triste era que no los veía y, si se caían, me daba terror tener que volver a ponerme los anteojos para ir al colegio. Un día, sin darme cuenta, los boté al lavamanos y casi me muero de miedo, pues perderlos era no ver y tener que usar los anteojos. Para recuperarlos, debíamos ir a Concepción, que no era fácil en esos tiempos. Fuimos a buscar un gásfiter, quien desarmó el lavamanos y me encontró los dos lentes. ¡Qué manera de sufrir hasta que los pude recuperar! Ahora hay desechables y mucho más económicos.

El que ve bien no entiende lo importante que es. Yo dependía de mis lentes para vivir, para estudiar, para movilizarme y para todo. Cuando tuve mis hijos, debía usarlos en la noche o simplemente no veía a mi bebé.

Mi padre fue muy preocupado. No sé cómo se le ocurrió, tal vez sentía mis miedos e inseguridades. Fuimos a Concepción y recién estaban saliendo estos lentes; como no eran desechables, debían durar como un año. Ni les cuento la cantidad de conjuntivitis y queratitis que tuve, pero nunca dejé de usarlos para ir al colegio o salir a la calle, solo me los sacaba en la casa. Me sentía extraña al tocarme la cara y no tener anteojos. Eso fue maravilloso para mí y creo que para cualquier adolescente a los 14 años.

Mi vida cambió un poco. Tuve uno que otro pretendiente, pero nada importante. Yo, aunque tonta y miedosa, al menos me sentía más tranquila y un poco más segura. También se preocuparon por ponernos frenillos. Iba un dentista, desde Los Ángeles a Concepción, una vez a la semana; era el único en la ciudad. Yo tenía mis dientes muy chuecos, más que mis hermanas. Me sacaron 4 premolares; fue terrible el miedo, ya que le tengo terror a las agujas, y más en las encías. Pasaban los años y seguíamos con frenillos pero con dientes harto más derechos, y mi papá un día decidió que ya eran muchos años y nos los sacó a las tres con un alicate, y nosotras felices.

Mi colegio me marcó cosas buenas y cosas malas, como las que les he contado. Lo bueno: aprendí a tejer y a coser. Aunque me costó mucho, pues tengo cero habilidades con las manos, pero lo poco que sé, lo aprendí en el colegio. Hice manteles, baberos bordados, pegamos cierres; hice camisas de dormir. Lo que más me costaba era tejer con los famosos rebajes. Nuestra profe, Krimilda, seca, pero igual me pilló cuando le llevé unos pantalones de bebé usados y prestados por una prima. No me retó; yo creo que se reía en silencio, y solo me dijo: «Esperaré el que usted haga».

Tuve (y tengo aún) muy buenas amigas, todas del colegio, juntas desde cuarto básico. Disfruté bastante en enseñanza media, principalmente, y ya no era tan santurrona ni ordenada. Hacíamos mucho desorden, pero siempre estudiaba. Hacíamos fila antes de entrar a la sala; nos parábamos si entraba un adulto, rezábamos todas las mañanas antes de empezar las clases y, si nos tocaba Alemán, lo hacíamos en este idioma. Asistíamos a misa en horario de colegio, y es ahí donde yo aprendí lo que es una misa. En general, respetábamos a nuestros profesores, aunque no faltaron un par de maldades que les hicimos, como arrancarnos del colegio y hacer que los inspectores nos salieran a «atrapar».

La dictadura en Chile

Un gran episodio a mis 9 años: el golpe militar que, al principio, vimos como una liberación de los comunistas.

Pasaba el tiempo y Pinochet seguía en el poder. Ese día estábamos en el colegio y un tío nos llevó a nuestra casa. Ahora, otra vez, el miedo: mi papá siempre fue demócrata cristiano y eso era pecado. Temimos por nuestras vidas, ya que hubo mucha gente desaparecida y que fue asesinada por pensar diferente, sin derecho a un juicio o algo parecido. Crecí en la dictadura sin poder decir lo que pensaba. Era fácil que te llevaran presa y desaparecer para siempre, sin explicación para las familias. Cómo olvidar al alcalde de esa época, que aún en el año 2020 es senador, quien persiguió a los jóvenes que se querían expresar y pedíamos volver a la democracia. Luché por la democracia en la universidad, en mi trabajo y junto a mi familia, pero el ambiente era realmente terrorífico por los de extrema derecha, quienes justificaban los asesinatos.

En la actualidad, quedan muchos con este pensamiento. Cómo entender que estos personajes que adoraban a Pinochet participaron en elecciones y son millonarios gracias a la lucha de los que queríamos volver a la democracia. ¡Qué inconsecuencia! Tantos que avalaron asesinatos y estamos ahora en sus manos.

Todos los demócratas, felices, porque en 1988 se venía el plebiscito del Sí y el No. Si ganaba el No, Pinochet debía llamar a elecciones presidenciales después de dieciséis años de dictadura.

Teníamos miedo de que Pinochet no permitiera la transparencia de este plebiscito, pues la propaganda del Sí se basaba en el terror, en mentiras y hacer creer a la gente que habría casi una guerra civil. Pero la mayoría de los chilenos no éramos tontos. Ganamos y cambió la historia de nuestro país.

¿Podrán creer que salí nominada como vocal de mesa para este plebiscito, y era la única «comunista» de mi mesa? Puras cuicas que juraban que ganaría el Sí, porque la que era del No, era comunista. Terminando mi función y cerrando mi mesa, me voy a mi casa, que fue centro del Comando de la Democracia Cristiana. Recién me entero que había ganado el No.

Fue maravilloso. Yo, ya enfermera, pero con pocas aliadas y muchas pinochetistas; por lo que, en la mañana, en el trabajo, un abrazo en silencio y con lágrimas de emoción. No obstante, mientras el dictador no entregara el poder, no estábamos tranquilos. Hubo mucha supervisión internacional y de los partidos políticos a través de los Apoderados de Mesa.

La época previa al plebiscito fue terrible, con muchas odiosidades y descalificaciones, solo porque queríamos volver a la democracia, tener un presidente elegido por el pueblo, y no sentir miedo de decir lo que pensábamos; por ejemplo, querer elecciones.

Me tocó arrancar de los Carabineros en la universidad, ya que no permitían que nos agrupáramos o te atacaban por nada. Yo solo quería estudiar y decir lo que pensaba.

Imposible olvidar la última visita de Pinochet a Los Ángeles. Fui al Centro y le grité a su limosina: «¡Asesino!». Y un hombre que, luego supe, era detective, se preparaba para golpearme y me acerqué corriendo a un Carabinero pidiendo ayuda, y me responde: «Quédese a mi lado. Vaya a su casa rápido». Lo amé.

Durante la propaganda del plebiscito, me llevaban panfletos del Sí para que los repartiéramos a nuestros pacientes en un consultorio. No lo podía creer, y todos se fueron a la Salamandra para prender fuego. Qué falta de ética. Y que quede claro que ninguna propaganda política, jamás, hasta ahora, la entregaría a mis pacientes. Yo estaba ahí para cuidarlos, enseñarles a cuidarse, vacunarlos y muchas otras cosas. Hacer algo así no era parte de mis valores,

«¡VIVA CHILE!», gritábamos después del plebiscito. Éramos libres, pero siempre se sentía el miedo de un nuevo golpe de Estado, hasta que Pinochet tuvo que entregar la banda presidencial a Patricio Aylwin, elegido democráticamente. Un gran momento de mi vida, pero complicado proceso desde mi niñez hasta la adultez.

En una ocasión, entraron arrancando universitarios a mi casa. Nosotros, aún niños, estábamos muy asustados. Se metieron los Carabineros a la casa y los sacaron a palos, menos a uno que se escondió en la tina en el segundo piso. Gracias a Dios, a nosotros como familia no nos pasó nada. Eran estudiantes universitarios gritando sus demandas, pero los llevaron presos. Dios quiera que estén vivos o al menos hayan regresado a sus hogares.

En verdad era un ambiente terrorífico. Antes del golpe, recuerdo colas para comprar comida y, después, miedo de que me mataran o se llevaran a mi papá. Gracias a Dios nunca pasó, pero igual mi papá hacía reuniones no públicas, obviamente, y para la campaña del No fuimos activos en la propaganda. Mi mamá, preparando pan con mortadela para ir a los campos y explicarle a la gente lo que significaba el plebiscito. ¡Viva Chile, volvió la democracia!

Mi adolescencia

Vuelvo atrás, ya que la dictadura duró dieciséis años, por lo que fui niña y, más adelante, enfermera en esta época.

Pasaba el tiempo y mi centro era estudiar. Siempre fui cabeza dura y no era fácil sacarme un siete, pero sí era matea, muy responsable. A esto se le sumaba la angustia y miedo. Era pésima para Física y Química; no entendía nada, y eran varios compañeros secos. El profe hacía clases para su nivel de conocimiento, y yo totalmente colgada. Mi mundo era Biología, que fue muy poco lo aprendido en el colegio por falta de profesores idóneos y comprometidos.

Éramos como treinta compañeros, y yo creo que a cinco o seis nos gustaba el área biológica, pero tuvimos mala suerte: profesores muy malos que casi no nos dieron Biología los últimos años. Lo que aprendí, lo hice con la profesora Meche, y el resto, yo sola.

Esto me perjudicó. No tenía buena base y me atemorizaba la Prueba de Aptitud Académica, llamada así en esos tiempos. Tiempos en que solo tenías dos opciones: entrar a una universidad estatal o no entrar por no tener el puntaje que solicitaban, y esto último era un fracaso total.

Cómo olvidar mis sueños de ser enfermera; ni cachaba mucho lo que hacían, pero me gustaba cuidar y ponerme uniforme blanco.

Llegó el tiempo de prepararnos para esta prueba y el colegio nos reforzaba mucho, principalmente con un gran profesor de Matemáticas.

Pasaron las fiestas de graduación, sin gran importancia para mí, ya que, como siempre, no tenía ningún tipo de relación especial, por lo que me centré en prepararme estudiando mucho por mi cuenta. No recuerdo preuniversitarios; existían tu colegio y tú mismo.

Llegó el día de la prueba y tenía miedo. Estudié mucho, solo con libros prestados. Dimos la prueba y se esperaba casi un mes para los resultados, los cuales se publicaban en el diario *El Mercurio*, estos aparecían por universidades y por carreras. Después de dar la prueba y saber tu puntaje, debías hacer tu postulación por orden de preferencia. Imposible olvidar: primero, Obstetricia; segundo, Enfermería; tercero, Tecnología Médica; y así como ocho o diez. Todas relacionadas con el área de la salud. No sé por qué Obstetricia; creo que me atraían los recién nacidos. Pero mi mente y mi corazón estaban con Enfermería. No sé, tal vez fue inmadurez de mi parte, o desconocimiento de lo que significaba cada carrera. Eran conocimientos generales; no como ahora, que hasta visitan las universidades o institutos durante la enseñanza media.

Mi adolescencia, comparada con lo de ahora, era por completo distinta. Me entretenía con otras cosas; nos juntábamos con mis compañeras y por lo general íbamos a estudiar, a conversar. Nos daban las once pero, por ejemplo, no recuerdo haber salido con ellas a comprarme ropa. Esto era una o dos veces al año con mis papás; típicas chombas, jeans y, lo máximo: un gamulán de chaqueta.

Siempre me gustaba alguien, pero solo lo sabíamos mi mejor amiga y yo. Poco servía esto, y no era prioritario en ese momento. Íbamos al Centro con mi mamá a dar vueltas, ya que ni los cafés existían, pero vivíamos a tres cuadras de allí. Pasábamos al Supermercado Tucapel, Casa García, Casa Victoria, Julios Pizza y de vuelta al hogar. Ir al cine y a casas de compañeras era bien frecuente.

La enfermería

Quedé en Enfermería y en lista de espera en Obstetricia, ambas en la Universidad de Concepción. Mi corazón lloró de emoción; solo quería Enfermería, nunca me preocupé de ver si corría la lista y quedaba en Obstetricia. No quiero ofender a las matronas; es una profesión maravillosa pero, claramente, Enfermería era lo mío: cuidar a la persona de forma integral, curaciones, exámenes y cosas que escuchaba sin tener claro lo que significaba.

Pienso ahora por qué soy enfermera y fue mi amor al prójimo. Mi necesidad de proteger y cuidar. «No quiero ser la enfermera que enferma a sus enfermos, quiero ser la enfermera que cuida, protege y consuela».

Yo, feliz, y mis papás mucho más. Esto significaba irme de Los Ángeles, separarme de mi familia por cinco años o más. Sufrí, lloré, pero era tanta mi vocación que sequé mis lágrimas, tomé mi maleta, y mis papás me dejaron en el terminal, viajando siempre en buses Bío Bío. Odiaba los domingos y amaba los viernes. Solo el último año dejé de viajar semanalmente por las prácticas y turnos. Era muy importante sentir el apoyo de mi familia los fines de semana, aunque tuviera que estudiar, lo hacía en mi casa o durante los viajes.

Otra vez, *miedo, miedo*. A que me vaya mal, miedo a no tener amigos, a pesar de que éramos como ochenta compañeros. Tuve grandes amigos y muy estudiosos, pero no los tuve por siempre, ya que yo me atrasé por reprobar el ramo de Química en el primer año. Esta fue mi muerte emocional; incluso di la prueba de nuevo para cambiarme a Educación Parvularia en

Los Ángeles, junto a mi familia. Dios, gracias, por no haber cometido este error. Seguí adelante y ese año conocí a alguien muy especial, a los 19 años: mi primer pololo, mi apoyo, mi compañero, que me dio la calidez de su familia para calmar mis terribles miedos diarios y la soledad sin mi familia. Él estudiaba Pedagogía en Matemáticas y Física, y era muy amable. Cuatro años juntos y un pilar importante para mantenerme estable, soportando todas mis inseguridades y miedos.

Fue una hermosa relación que me recuerda hermosos momentos, llenos de soporte. Pero yo, como siempre, llena de conflictos, nunca me decidí a quedarme para siempre con él.

¡Tantas experiencias se me vienen a la mente durante estos años de estudio! Desde el segundo año me fue excelente; me eximí de muchos ramos, pues mi vida era estudiar y mi meta era ser enfermera.

En el primer año vivía con mi tía, hermana de mi mamá, pero ella también tenía hijos y sentía que estaba molestando, por lo que el segundo año me fui a un departamento en un sector de Talcahuano por calle Colón, sector Hualpencillo, que era bastante peligroso, pero al menos vivía con una compañera tranquila y estudiosa. Tenía buena locomoción para mis prácticas en todos lados como Tomé Penco, Higueras, Talcahuano, Concepción, Lorenzo Arenas y otros. Este departamento estaba en el primer piso, por lo que pasábamos un poco de susto, pero fue donde terminé mi carrera.

Eran edificios viejos y, en dos ocasiones, me pillé con un ratón, por lo que me volví loca de terror (hasta ahora les tengo fobia). Esas veces arranqué sin importarme nada y mi compañera de departamento se encargaba de matarlos, limpiar, y así yo pudiera volver.

No olvido este lugar porque, además, fue desde donde salimos con mi familia al Club Hípico a ver al papa Juan Pablo II en abril de 1987, que era mi último año de estudio. Aún recuerdo su voz, era angelical, y se me grabó: «No dejéis de mirarlo a Él». Salimos de noche, madrugando, caminando por calle Colón, llena de peregrinos emocionados y en silencio.

No sé qué pasaba con las enfermeras en esos tiempos; eran especialmente odiosas, maltratadoras y en varias ocasiones humillaban a muchos compañeros. Yo tuve suerte, fueron pocas veces las que sufrí la antipatía de mi docente. Una de esas ocasiones fue la práctica en Urgencias del Hospital Higueras, donde hacíamos turnos de día y noche, y nos quedábamos a cargo de la sala de observación, como con 12 pacientes. La enfermera del servicio se retiraba a descansar hasta las 06:00 y yo me paseaba toda la noche supervisando goteos de suero, recibiendo ingresos, poniendo chatas y, lo peor, esperar a la enfermera docente a las 8 horas para que supervisara la toma de exámenes.

Estas mujeres eran terribles; solo querían que nadie se equivocara para no tener problemas con el servicio y menos con el médico de turno, por lo que su trato no era muy amable. Les teníamos miedo a muchas profesoras, y eso se veía en esta carrera y se traducía en alumnos temerosos, inseguros y sin posibilidad de dar algún tipo de opinión.

Cómo olvidarme de una práctica en Ginecología donde hacían duchas vaginales y le administraban petidina a la paciente, y a mí, como alumna, me solicita la profesora que cargue una ampolla y, al tratar de abrirla, se me desintegra en mis manos, se quiebra y se pierde todo el medicamento. Me salvaron esa vez; una auxiliar de enfermería en esos tiempos, quien me pasó otra ampolla cargada y la profesora no se dio cuenta. Gracias... Ni me acuerdo de su nombre.

Eso te pasaba en esta carrera. Por lo general tenías miedo de tus profesores por una disciplina casi militar en todos los aspectos, incluyendo el uniforme con los centímetros predeterminados bajo la rodilla y zapatos con tacos horribles. Jamás pensar en usar pantalones, y el color siempre fue blanco con botones o bordes azules, y ni un pelo de la cabeza se podía asomar. Incluso, usaban capas azules para los turnos de noche; yo las encontraba maravillosas pero no las alcancé a usar. Lo que sí usé fue la toca en la cabeza con listones negros según el año que cursabas y, al ser enfermera, esta cinta rodeaba esta toca. Era lo máximo usarla por primera vez. Esto fue desapareciendo y ahora no se usa, los uniformes son principalmente azules y con pantalones.

Imposible olvidar la primera vez que tuve que poner una inyección. Lo hacíamos entre los compañeros y yo, que le tenía fobia a los pinchazos, pero no tuve opción. Al tocarme a mí, recuerdo una inyección subcutánea en el brazo de un compañero. Me tiritaba toda la mano con la jeringa y el profesor tomó mi mano firme y logré inyectar. Pero cada vez que cargaba una ampolla, la mano me tiritaba y me costaba achuntarle y poder cargar el medicamento. Esto fue pasando de a poco, pero cuesta; sobre todo si te están evaluando. Ahora me río, pero fue terrible.

Es una linda carrera. Aprendes a cuidar a las personas y a darte cuenta de que nadie es igual; todos tienen necesidades distintas y esa era la clave de la enfermería: la diferencia de cuidar según la necesidad de cada uno y en su contexto familiar, y no poner días u horarios generales para todo un servicio. Por ejemplo, para cambio de sábanas, lavado de pelo, curaciones etc. No sé si me entienden. Nadie es igual, somos todos distintos y con necesidades particulares. Puedes conocer su dinámica familiar, sus sentimientos, sus preocupaciones, sus carencias, sus riquezas y, lo más importante, es que siempre lo puedes cuidar. Esa es la palabra clave de esta profesión: **cuidar**.

Cuidar es la herencia de Florence Nightingale (1820-1910), enfermera británica. Y no se refiere a cuidar físicamente, sino que ella creó el Modelo de Enfermería, fundó la primera Escuela Profesional de Enfermería y dio importancia a la limpieza. Tuvo un hospital móvil y usó tratamiento higiénico en la gangrena, siendo las enfermeras muy importantes en la pandemia de la gripe en 1918. Los programas educativos se basaron en los principios de ella que revolucionaron el sistema sanitario, sistematizó la higiene hospitalaria y disminuyó miles de muertes.

Enfermera, escritora, estadística británica, política y profesora. Alcanzó fama mundial por sus trabajos precursores de la enfermería en la asistencia de los heridos durante la guerra de Crimea, y por esto fue conocida como la Dama de la Lámpara, por su costumbre de realizar rondas nocturnas con una lámpara para atender a sus pacientes. Ella estableció los parámetros de compasión y dedicación al cuidado del paciente en la Administración Hospitalaria. Fue una pionera en la demostración gráfica de datos estadísticos. Promovió la toma de conciencia mundial, priorización a nivel social, los temas sanitarios y de medicina preventiva, formación y apoyo a enfermeras y demás trabajadores de la salud, acceso a una nutrición equilibrada, a fuentes de agua potable, a una atención médica digna y a la medicina; entre otros logros.

De ella aprendimos a cuidar a través de análisis de datos para aplicar estrategias necesarias, estadísticas, protocolos, asepsia, técnicas, administración de personal y de centros de salud, investigación, formación de profesionales y técnicos de enfermería con disciplina, empáticos y cordiales; autocuidado, cuidados en todo el ciclo de vida, desde el nacimiento, con un enfoque biopsicosocial y espiritual con respeto al contexto familiar, y cientos de programas para curar, promover, prevenir y rehabilitar la salud.

La enfermería es una ciencia de la salud que sigue pautas sanitarias; es la ciencia que se dedica a la atención de enfermos y heridos, así como a otras tareas sanitarias, siguiendo pautas clínicas y fundamentos teóricos estudiados. La enfermería abarca la atención autónoma y en colaboración concedida a personas de todas las edades, familias, grupos y comunidades (enfermos o no), en todas las circunstancias. Comprende la promoción de la salud, la prevención de enfermedades y la atención a los enfermos discapacitados y personas en situación terminal.

Las funciones esenciales de la enfermería son la defensa, el fomento de un entorno seguro, la investigación, la participación en las políticas de salud y en la gestión de los cuidados de los pacientes y de los sistemas sanitarios. Tenemos una formación científica, ética y humanista en los ámbitos investigativos asistenciales. Debemos tener la habilidad de asumir la gestión del cuidado comprensivo de las personas, familia y comunidad. Ejercer un rol de liderazgo y compromiso ético y social, promoviendo equidad y solidaridad, sabiendo adecuarse a los cambios y avances en el cuidado. Así como ser capaces de trabajar en equipo; uno interdisciplinario y multisectorial.

No podemos olvidar lo aprendido en las universidades en relación a las necesidades del ser humano y, con esto, trabajar un plan de atención en forma integral para el paciente y para la/el enfermera/o.

Veo con nostalgia colegas jóvenes recién egresadas con muchos de estos atributos o conocimientos ausentes. No olviden que el paciente es más agradecido si lo tratan bien y por su nombre, a que le tomen un examen al primer intento. De hecho, ellos te calman y te dicen: «No se preocupe, Srta. Siempre les cuesta; trabaje tranquila». No dejemos de ser personas sensibles, no busquemos solo ser competitivas o las mejores en técnica; la enfermería es una mezcla de humanidad y de habilidades de tipo técnicas, administrativas y, no menos importantes, los valores que vienen de nuestras familias.

Tuve malas experiencias con profesoras enfermeras que eran, muchas veces, descalificadoras y humillantes. Espero que en estos tiempos no sea así, o en menor intensidad. Siempre recordaré estas palabras: «Tú no servirás para ser enfermera», dichas por una eminencia. Según su percepción, no lo iba a lograr debido a que, en una oportunidad, en primer año, me asusté con una paciente con daño cerebral. Como muchos ya saben, son pacientes complicados que hacen muecas, se retuercen y hay que entenderlos y tratarlos con mucho cuidado. Era mi primera práctica; solo tenía 18 años y ella me crucificó con palabras que aún no puedo olvidar. La enfermera de la que les hablo, quien no creía en mí y que es mi colega en la actualidad, a pesar de que llevo treinta y tres años siendo enfermera, logró provocar un mal recuerdo hasta el día de hoy. Con mi larga experiencia, jamás podría tratar así a alguien, y menos que se encuentre en formación para lograr concretar sus sueños, tanto personales como profesionales. Nunca se preocuparon del contexto; en este caso, una adolescente sola, sin su familia, en su primera práctica, muy regalona, que extrañaba toda su vida anterior y necesitaba contención, la cual encontraba muchas veces en mis propias compañeras, quienes estaban en situaciones similares, sin familia cerca.

Todos los días se sufría en el hospital o en el consultorio. Siempre con miedo a las interrogaciones, miedo a no achuntarle a la vena, miedo a los certámenes, miedo a enfrentarme a procedimientos que nunca antes había realizado pero sí me habían enseñado teóricamente, y mi deber era saberlo y hacerlo bien. El peor miedo era la humillación de los profesores. ¡Oh, qué terrible mi primera sonda vesical! Gases en sangre arterial, sonda nasogástrica, y en esos tiempos hice hasta duchas vaginales, curaciones de grandes quemaduras y de niños llorando. No es fácil el camino, pero la recompensa ha sido maravillosa.

He aprendido tanto de la vida con la enfermería: conozco la pobreza extrema, la soledad de muchas personas (en especial la de los viejos), realidad que ningún político puede rebatir. No menos importante, las miserables pensiones y jubilaciones de profesionales que viven en muy malas condiciones, con frío y dependiendo de familiares. Este es mi peor miedo. La angustia permanente por la discriminación a nuestros adultos mayores, tomando la edad como un factor para ser o no atendidos en servicios de Urgencias y hospitalarios. Esto lo vivo a diario y nadie lo podría desmentir. No entiendo que los políticos hablen de estrategias para disminuir muertes de adultos mayores, por ejemplo, por neumonía, y si son muy viejos no se les da la atención oportuna en caso de necesitar hospitalización. No siempre es obvio, pero lo veo en mi trabajo por estar tratando con personas mayores con muchas patologías de manera constante.

Se acercaba el momento de ser enfermera, y yo lo veía como mi máxima realización y solo quería cuidar a pacientes enfermos, probablemente por haber hecho mi práctica profesional por seis meses en el Servicio de Cirugía Hombre del Hospital Guillermo Grant Benavente de Concepción.

Aquí aprendí mucho de cirugía, de quemados, de cirugías generales y patologías raras como tumores en los pies u otra parte del cuerpo. Los médicos te trataban bien, ya que, como internas de Enfermería, ponías todo tu esfuerzo en hacer las cosas de forma increíble. Nada puedo decir de mi experiencia con los cirujanos; todo lo contrario, me buscaban para pasar visita (creo que por el gran interés de uno de hacer bien las cosas). En este Servicio de Cirugía Hombre estaban dos enfermeras a cargo y, no quiero decir solteronas, pero eran mayores, sin hijos y muy odiosas conmigo. Toda la culpa era de la interna de Enfermería y yo debía quedarme calladita y aceptar la culpa a pesar de no tenerla. Sin embargo, sucedió algo increíble: me evaluaron con un 100, que era la nota máxima. ¡Sorprendida pero feliz!

Me di cuenta que adoraba mi futura profesión y me comprometí a ser una buena enfermera y colega, pues me tocó ver muchos conflictos que al final solo eran una lucha de poder, pero no una lucha por ayudar o cuidar mejor a tu paciente.

En los años de estudio me entusiasmó mucho el área clínica y poco me gustaba la Atención Primaria, centrada en la prevención de la salud en los consultorios en esos tiempos. Ahora son principalmente los Centros de Salud Familiar (Cesfam), esto porque cambió el modo de cuidar. El cuidado es familiar, es decir, no puede haber un individuo como un ente solo, sin familia, sin relaciones, sin amigos u otra red de apoyo.

Salí de la Universidad de Concepción y me tocó realizar muchas actividades que nadie me enseñó como tal pero, con toda mi formación, mi obligación era saber cómo hacerlas.

Ya finalizando mi carrera se iba terminando el pololeo. Además, yo tuve la oportunidad de trabajar en Los Ángeles, volver a mi casa, y eso apuró la separación.

Para recibirnos dábamos un examen de grado presencial con una comisión de tres docentes. Nuevo esfuerzo, miedo y desafío. Fue un mes estudiando área clínica. Tú entrabas y sacabas un sobre: «Me toca paciente hospitalizado con sonda nasogástrica, con antecedentes de úlcera gástrica activa. Comienza sudoroso, hipotenso, con angustia, miedo, pálido y taquicárdico». Yo debía presentar el plan de cuidados y me preguntaban sobre la patología, la fisiopatología, causas de signos y síntomas, características de los medicamentos, etc. Terminé de hablar y una de mis docentes me dice: «Felicidades, colega». Fue uno de los momentos más felices de toda mi vida: sacarme un 100, nota máxima, y afuera en el auto me esperaban mis padres y fuimos a celebrar, comiendo helado, sentados en una heladería muy central, y mi buena chomba de regalo.

Fui feliz e hice felices a mis padres.

Ya enfermera

Lo primero que hice fue una pasada por el Hospital Naval de Concepción para «aprender más». Estuve un mes, aprendí Enfermería y gané experiencia, pero no era mi ambiente; totalmente impersonal, clasista al punto de comer separados profesionales y no profesionales, sin siquiera verse. Era un régimen militar, ya que los médicos tenían grados navales y se saludaban como tal. No lo pasé bien y al final del mes me ofrecieron un cargo de la Armada; esto significaba estar dispuesta a embarcarme en el momento que me necesitaran. Era atractivo y desafiante, pero no era mi modo de trato hacia las personas. Di las gracias por lo aprendido y no acepté ese cargo. ¿Cómo habría sido mi vida trabajando en el Hospital Naval? Todo sería distinto; el destino habría cambiado por completo. Dicen que todo pasa por algo.

El trabajo que me ofrecían ahora, casi recién terminando esta experiencia en Talcahuano era en Atención Primaria y en Los Ángeles; o sea, trabajar en los consultorios con prevención de la salud más que con curación, lo que a mí no me gustaba mucho. Yo, para variar, solo quería ejercer Enfermería.

Mi trabajo se centraba en hacer controles de salud a niños; vacunar, entregar leche, educar y realizar visitas domiciliarias a familias de riesgo. En el control evaluábamos lo que crecía, lo que se desarrollaba, lo que comían, lo que hacían en relación al desarrollo psicomotor, los vacunábamos y dábamos mucha educación sobre alimentación, prevención de accidentes, importancia de las vacunas y prevención de enfermedades respiratorias. También veíamos pacientes adultos con patologías crónicas con su control correspondiente.

Fue un hermoso trabajo, con un buen equipo; aprendí mucho y lo más terrorífico eran las supervisiones del Servicio de Salud, que eran enfermeras que leían la evolución manuscrita de tus controles. Obviamente, yo tenía que descifrarles mi letra, pero siempre me fue muy bien. Fue un honor trabajar con Lili Daza, del Servicio de Salud.

Trabajé tranquila mis primeros años en una clínica del sector de la población Dos de Septiembre, viviendo en mi casa, ganando una miseria, pero para mí no era importante en ese momento. Trabajé con dos auxiliares de enfermería, bondadosas y llenas de energía: Rebeca y Magaly. Ellas me seguían en mis locuras; una de ellas fue hacer un baratillo afuera de la clínica del sector en calle Condell para juntar platita y darles regalos en Navidad a nuestros niños más necesitados. Vendíamos de todo: collares, Cutex, sombras y ropa (por supuesto, todo usado). Juntamos lo suficiente y partimos en mi superauto al sector de La Vega a comprar regalos y comida. Los niños recibieron un regalo y su carita brillaba de emoción. Nosotras, felices y, además, muy comprometidas con nuestro trabajo. Gracias por aperrar conmigo, nunca las olvidaré.

Yo tenía un regalón, Mario Pacheco, como de unos 6 años. Lo sacaba a dar vueltas en mi auto por la población solo para verle su carita de felicidad. Un día le pasé plata para que se fuera a comprar una manzana y volvió asustado; yo no entendía qué pasaba. Bueno, él se compró un plátano y creía que yo lo iba a retar. Lindo, hermoso; espero que esté bien.

Conocí la pobreza máxima y un día fui con mi actual marido, donde esta familia, a dejarles un colchón. Él entró y casi se muere; nunca había visto la pobreza en vivo y en directo. Estaban viendo tele en una pieza llena de humo, sin piso, pero con ellos sonrientes. Mi marido, en ese tiempo mi pololo, estaba choqueado, tratando de pasarme dinero para que les diera. No era la solución, pero él se sintió un poco mejor al ver estas realidades.

En una ocasión, en el consultorio, tuve que ir a un campo a rescatar una niña como de dieciocho meses y llevarla en mis brazos, toda orinada, a una cuidadora pagada por el Estado. Tenía antecedentes de maltrato. Esto ocurrió porque su madre tenía una patología psiquiátrica y la justicia se la quitó pero, al llegar del campo a la casa sustituta, ella me decía: «Mamá, mamá», y tuve que entregarla. Yo, apenas con 25 años, y ya tenía que ver la realidad de la vida. Solo ruego que tenga una vida feliz. Recuerdo que, como antecedente, la mamá la sumergía al río y luego la sacaba. Como ven, fue una experiencia muy extrema para mí. Así aprendí de la vida real y ya no estaba en ninguna burbuja que te hace menos solidaria y más egocentrista.

Paralelamente a este trabajo, tenía una vida familiar aún con mis padres, regaloneando a mis dos primeras sobrinas, hijas de mi hermana mayor. Solo quería protegerlas y ayudarlas siempre; salía con ellas al Centro, con mi Cotetita y Danita. Habría querido darles todo, pero no se podía. Cómo olvidar cuando nació Coté, y yo en Concepción sin poder vivir ese hermoso momento. Mis dos primeras sobrinas fueron muy importantes para mí y las disfruté mucho, antes de formar mi propia familia. Eran mi gran orgullo y las adoraba. Hoy tienen sus propias familias e hijas bellas.

Siguiendo con la enfermería, ¿qué creen? Pasaron cuatro años y comencé con la necesidad de trabajar en el área clínica y miraba cómo, en mi ciudad, se construía la Mutual de Seguridad… ¡Oh, sería un sueño trabajar ahí! Pasaba por la calle Mendoza y veía la construcción de la Mutual (como perro a la carnicería). Esperé, y un día vi que estaban terminando la construcción y fui a hablar con el médico director (†) a dejar mi currículo. Lo lee en un momento, ya que era muy corto, y me dice: «¿Usted cree que podría competir con estos currículos que me han llegado y han trabajado en la UCI, con mucha experiencia, y usted viene de Atención Primaria?». Listo, se terminó mi sueño.

Me fui de vacaciones a Puyehue después de esta poco esperanzadora entrevista. Fuimos a acampar con unos amigos y, al segundo día, aunque no lo crean, me llamó el director, diciéndome: «Necesito que esté acá mañana; se arrepintió uno de sus colegas y le daré la oportunidad». ¡No lo podía creer! Me volví al toque y contrataron a la cabrita chica sin experiencia; es decir, a mí.

Éramos 5 enfermeras. Una quedó como jefa y las otras cuatro con atención clínica; todas con experiencia en el Hospital de Los Ángeles. Yo, como pollo, solo tenía cuatro años de consultorio y una práctica en el Hospital de Concepción. Miedo nuevamente y, peor aún, cuando me mandaron un mes al pabellón de la Mutual de Seguridad de Concepción, ya que yo me encargaría de armar el pabellón en Los Ángeles. Un área débil en mi malla curricular; a lo más, entré un par de veces a mirar y tratar de ser invisible para que no me retaran.

Se operaba de todo en Concepción, en especial por accidentes laborales. Y, como ya me conocen, se imaginan el susto grande. No cachaba nada de anestesia, y era la enfermera de pabellón la que preparaba la bandeja de esta, la máquina de anestesia, elementos de osteosíntesis y toda la coordinación de las cirugías. Gracias a Dios, la colega de Concepción llevaba años y me enseñó muchas cosas. No me olvidaré de dos episodios en este hospital: uno, se les cayó una prótesis de globo ocular, y todos buscándola, pues el paciente estaba anestesiado. Por fin la encuentran y realizan el implante. Yo, calladita, como si no pasara nada. Lo otro fue peor: estaban operando una rodilla vía laparoscópica y me piden bajar un poco la mesa quirúrgica donde estaba el paciente. Para esto, había como un pedal que uno debía bajar suavemente, pero yo, con mi pie, lo forcé hasta el fondo y la cama bajó con brusquedad. Les debo haber dado lástima y nadie dijo nada a la enfermera que se estaba orientando y era de Los Ángeles. Qué plancha más grande; menos mal que el paciente no rebotó y llegó al techo. Pasó un mes, aprendí mucho y me fui a Los Ángeles.

Debía armar mi propio pabellón en la Mutual de Seguridad de Los Ángeles, y para esto también me enviaron al pabellón del Hospital de Los Ángeles. No es raro decirles que tenía miedo, pero era aprender o aprender. Con un tremendo anestesista angelino aprendí mucho: a poner vías venosas, a usar máquina de anestesia, a preparar bandejas de anestesia y alguna vez a usar el laringoscopio y entubar a pacientes sedados que se iban a operar. ¡Bravo! Fui capaz y lo hice bien; se lo debo al doctor Ortega.

Después de aprender más, armamos nuestro pabellón en la Mutual con un técnico paramédico que venía del pabellón del Hospital Los Ángeles de muchos años; así que esto me ayudó bastante. Además, los cirujanos eran los mismos que operaban en el hospital y cada uno tenía una forma distinta de trabajar. Yo creo que los que son enfermeros saben a lo que me refiero.

Todo de cero; todo a mi pinta y se empezó a operar, particularmente accidentes laborales, como ya mencioné, y también cirugías generales particulares como colecistectomías, apendicitis, hernias, safenectomías, entre otras.

Como trabajaba en pabellón, mi horario era de día y, en ocasiones, trabajaba de forma particular ayudando en la anestesia con pacientes y me ganaba mis pesitos extra, aunque era mucha responsabilidad y siempre estaba ansiosa de que saliera todo bien.

Acá era la responsable de que todo funcionara de forma correcta. Desde el material quirúrgico, la anestesia, la asepsia, la esterilidad de las ropas y materiales, y el equipo completo con dos médicos, arsenalera, pabellonera, enfermera y anestesista.

Me sentía cómoda pero, a veces, llegaban médicos con un genio «especial», por decir lo menos. Esto molestaba un poco, pero todos nos dábamos cuenta y nos uníamos para soportar la mala onda.

Como enfermera clínica tuve grandes desafíos con procedimientos o actividades nunca enseñadas en la universidad, tales como preparar para dar una anestesia, organización de cirugías laparoscópicas, administración de personal y mucho más. Pero no fue tan simple; también me enviaron a Santiago a aprender laparoscopia para iniciar este proceso en Los Ángeles. Era algo nuevo, pero teníamos cirujanos capacitados para esto, por lo que nosotros tuvimos que ponernos al día.

Fui a Santiago sola, a capacitarme y, como en repetidas ocasiones, con miedo. Allí me tuve que trasladar en micro, rogando achuntarle y llegar al hotel en Estación Pedro de Valdivia, llamado Aloha, o algo así. Todo el viaje mirando por la ventana para ver si reconocía algo y, Dios es grande, me bajé justo en la estación que correspondía. Llegaba con tanta hambre que me comía una pizza sola cerca del hotel, ya que en el hospital nadie te toma en cuenta. Con suerte, se podía ir al baño una sola vez al día.

Algo aprendí. Llegué a Los Ángeles con todo el ánimo de hacer las cosas bien y, por supuesto, no faltó el cirujano audaz y temerario que quería operar por laparoscopía. Le dedico estas palabras a un gran cirujano, Juan Lobos Krausse (†); él era tan seguro que daba una tranquilidad enorme al equipo y, ante cualquier situación adversa que pasara, nos daba las estrategias para superarlo y prepararnos cada día mejor.

Así pasaban muchos días y noches operando pacientes particulares, donde yo era ayudante de anestesia gracias a la bondad del médico Roger Ortega quien, además, fue mi profesor durante un mes en el Hospital de Los Ángeles en el servicio de pabellón, donde él era el jefe.

Acá pasaron muchas cosas que, como enfermera, nunca he olvidado. Por ejemplo, llega un paciente con una atrición de tórax severa por máquina pesada, y yo estaba de turno en pabellón con la otra colega que hacía turno de 8 a 20 horas. El paciente llegó grave, con una gran disnea, uso de musculatura accesoria, asimetría de tórax, gritando que no podía respirar. Tenía un hemoneumotórax, totalmente descompensado, con un traumatólogo de turno que le instala un drenaje quirúrgico (en esos tiempos dos grandes frascos de vidrio). Llamamos al anestesista, yo le instalo vía venosa, sonda vesical y el anestesista lo entuba y lo conecta a máquina de anestesia. Estaba grave, muriendo. Hicimos de todo; llegó a las 10:00 y se trasladó a las 22:00 en avión ambulancia perteneciente a la Mutual con enfermeras capacitadas y nuestro traumatólogo. Lo entregamos a las 22:00, vivo y así llegó a Concepción. Fue un camino largo de rehabilitación y fue uno de los tantos pacientes pensionados de la Mutual para el resto de la vida. Caminaba lento, con ayuda técnica, pero sufrió hipoxia cerebral con daños cognitivos permanentes. Esto nos dejó una enseñanza como enfermeras de la Mutual: realizamos, más que un carro de paro, una vitrina donde estuviera todo lo que pudiéramos necesitar, ya que perdimos mucho tiempo buscando elementos que no suelen ir en un carro de paro. A esta vitrina se le puso el nombre del paciente, en su honor.

Todos los días pasaban cosas distintas en relación con accidentes laborales; dedos de la mano amputados o muy destrozados, quemaduras, esguinces, fracturas, lumbagos, contusiones severas y muchas más. Lo que no se podía resolver se enviaba a Concepción, a traumatólogos especialistas. Y en Los Ángeles teníamos TENS,[1] hombres y mujeres preparados para colocar yesos cerrados, valvas de yeso y eran expertos en suturar. Como enfermera en turnos de noche o fines de semana con médico de llamada, te tocaba resolver muchos casos, incluso de tipo administrativo. Es decir, que en verdad fueran accidentes laborales o enfermedades profesionales; si no, a la Mutual no le correspondía correr con los gastos, pero siempre se le daba la atención de urgencia. Nos coordinábamos con la enfermera del hospital y lo trasladábamos.

También se hacía atención quirúrgica y no quirúrgica a particulares: infartos agudos al miocardio, colelitiasis, hernias, gastroenterocolitis, histerectomías y otras, por lo que teníamos que saber de muchas especialidades.

Un día, llega un hermoso niño, como de 9 años, a realizarse amigdalotomía. Llegaba en la mañana, le tomábamos exámenes, le instalábamos suero y hacíamos la anamnesis de enfermería, incluyendo cualquier tipo de alergia. Ese día lo operaron como a las 15:00, pero yo no estaba como ayudante de anestesia sino como enfermera de pabellón, más la enfermera de turno. Todo salió bien; llega el niño a la sala posoperado y uno lo controla. En

---

[1] Estimulación eléctrica transcutánea nerviosa (por sus siglas en inglés de *transcutaneous electrical nerve stimulation*).

este caso, se preocupa mucho del dolor y el sangramiento, pero el niño comienza casi de inmediato en el posoperatorio a tener fiebre alta, muy alta, y la anestesista se desesperó porque era una reacción muy extraña que se daba una en millones por causa de la anestesia. Todos corríamos; llegó otro anestesista para apoyar y el niño empeoraba. La solución posible era un antídoto que, al final, fue enviado en avión ambulancia de la Mutual. Recuerdo haberme ido a mi casa a las 22:00, llorando por el tremendo estrés. Todos sufrimos, pero fue un gran trabajo en equipo. Al otro día, nos llega una bella torta de parte de la anestesista en agradecimiento y dedicación a todos los que estábamos en turno. El niño se fue caminando a su casa sin sus amígdalas y sin imaginarse realmente lo que le pudiera haber pasado.

Aunque no lo crean, ese mismo día, con otro médico otorrino, se operaba un niño, hijo de un ginecólogo que pensábamos que decidiría suspender la cirugía, pero no lo hizo, y nos halagó mucho junto a su esposa enfermera por lo que habían visto, por nuestro esfuerzo para salvar al niño. No dudaron en operar a su hijo, quien no tuvo ningún problema, gracias a Dios.

Esto lo cuento para que conozcan las barbaridades y maravillas de la enfermería, y lo importante de nuestra preparación profesional para no provocar daño a nuestros pacientes.

Pasaron y pasaron mis días. Comencé a proyectarme para comprar un auto y movilizarme, en especial durante las noches en las cirugías que me llamaban.

Así fue como lo conocí; en una automotora, tratando de comprar un auto, moreno y con barba. Fue la mirada, y yo siempre insegura. «Qué me va a pescar a mí». Sí me pescó; me esperaba todos los días en la noche después de las cirugías particulares, donde yo era la ayudante de la anestesista y coordinadora del pabellón.

Era la primera vez que quedaba embobada. Me encantó, pero tenía un pequeño detalle: era casado y con una hija. Yo nunca pensé en estar en una situación así, pero el amor fue más fuerte. Estamos juntos desde hace veintisiete años, con una interrupción de cuatro años, donde pensé que todo se había terminado. Todo sumado a problemas económicos, seguramente.

Al poco tiempo de vivir juntos, nace mi hija, hermosa, pero yo llena de angustias, inseguridades y, lo peor, me sentía sola en esta nueva etapa. Mi hija cumplía tres meses y no le di nunca más pecho. Comencé a trabajar en sistema de turnos, lo que complicaba mucho la vida familiar y pasaba muchos momentos sola. Yo solo quería tener una vida familiar, de a tres, pero no se podía. Tenía un modelo de familia nuclear, donde ambos padres participaban en la crianza; en mi caso, me costó lograrlo pero llegamos a un equilibrio.

Seguía la vida. Yo, trabajando en turnos, durmiendo de día, con mi hija muy pequeña, a la que dejaba en el día con una nana y en la noche con su papá. Lo terrible era cuando se enfermaba y yo estaba de turno. Un día, muy afiebrada, la llevó el papá a mi trabajo. Yo entré al auto, le puse un supositorio, y con lágrimas en los ojos me di la vuelta y volví a mi trabajo.

Ahora lo pienso: ¿cómo no hice uso de mis derechos de tener licencia médica por mi bebé menor de 2 años? No entiendo; ni siquiera tuve esas horas de lactancia, y menos los seis meses de posnatal que ahora tienen.

Pasaba la vida entre trabajo, angustias de plata, pero también lindos momentos. Como, por ejemplo, vacaciones en Licán Ray, en cabañas de mi trabajo que te descontaban en cuotas de tu sueldo. Una semana los tres con mi hija, Valentina, de 4 años. Lo pasábamos bien; al menos mi hija estaba feliz, bañándose, paseando en moto de agua y muchas otras novedades maravillosas para cualquier niño.

Un día, mi esposo me dice: «Me ofrecen irme a Talca con un trabajo mejor». Y eso significaba arriesgarnos, vender la casa, comprar un camión e irnos. No nos estaba yendo bien económicamente, y tuve que aperrar e irme. Esto significaba renunciar a mi trabajo de siete años en la Mutual, pero éramos una familia y debíamos estar juntos. Él se fue unos meses solo a una pensión, pero quería volverse; no podía estar solo y decidí dejar todo e irnos a Talca.

Cómo olvidar la pena inmensa de dejar toda mi familia, mis papás, mis hermanos, cargar un camión e irnos. Mi hija llorando por sus abuelos... Fue terrorífico.

Jamás había estado en Talca; una ciudad vieja, fea, sin ríos para pasear, pero ahí llegamos a arrendar una casa, buscar un jardín y luego una escuela para mi hija. Armamos nuestra casa y luego busqué trabajo, sin conocer a nadie. Recorrí el hospital primero y de inmediato me ofrecen un cargo en Cirugía Infantil. Me costó dos semanas dejar de llorar al ver los niños enfermos, pero lo logré. De lo contrario, tenía que irme al Servicio de Diálisis, y eso sí que no me gustaba.

En Cirugía Infantil estuve solo seis meses. Aprendí mucho de colegas y auxiliares, muy lindas personas, siempre apoyando, pero era bastante triste ver niños llorando. Vi niños quemados, fracturados, operados de fisura palatina y otras cirugías generales. La enfermera era la reina del servicio y realizábamos curaciones, en ese tiempo, con un medicamento llamado midazolam para los quemados en un pabellón especial para esto.

Llego un día a este servicio y me doy cuenta de que los lentes de contacto nuevos con receta recién dada por un oftalmólogo en Los Ángeles, no me servían. No veía nada y tenía que puncionar niños, hacer curaciones, evolucionar y mucho más. No sé cómo pasó ese día, pero salía a las cinco y fui al centro de Talca a una óptica donde le supliqué al tecnólogo que me viera, y me cambió los lentes a la graduación correcta. ¡Ufff! Me salvé, pero tuve que comprar otros lentes; o sea, gastar más platita.

Trabajar con cirujanos infantiles me sirvió para aprender mucho. Recuerdo una doctora que era muy dura con los padres de niños quemados; les decía: «Detrás de un niño quemado, hay un padre o una madre irresponsable».

Lo más duro de estar en Talca era extrañar a la familia y tener que vivir momentos muy trágicos, como la muerte de un sobrino recién nacido, y verlo ya fallecido por un problema cardíaco. Esto me produjo un trauma con mucho miedo a que sonara el teléfono, por lo que en la noche lo descolgaba. No teníamos celulares, pero prefería no saber algún suceso malo, y esto era por estar lejos de todos.

Un día postulé a la Mutual de Seguridad de Talca. Fui a hacer pruebas de todo tipo a Santiago y quedé seleccionada para el cargo. Pensé, hablé con mi marido; él me decía que era una gran oportunidad, pero, nuevamente, me dio *miedo*. Eran turnos y yo estaba sola. Lo rechacé y seguí buscando algo mejor de lo que tenía. Me llamaron de un consultorio (La Florida) por 22 horas durante las mañanas y 22 horas en la tarde en el Hogar de Cristo. Me gustó. Los viejos eran un desafío, me mantuve tranquila y contenta en ese Cesfam y en el Hogar de Cristo, logrando tener una gran red de apoyo en mi lugar de trabajo.

El consultorio estaba muy cerca de mi casa y yo solo hacía atención a niños, ya que no era un Cesfam, por lo que los equipos estaban separados por programas. Acá tuve buenas amigas enfermeras que siempre aclaraban las dudas que tenía, pero como lo había hecho en Los Ángeles, me centraba en el crecimiento y desarrollo del niño y todo lo que esto implica. Lo que no recuerdo es haber hecho alguna visita domiciliaria a las familias de estos niños. Aún no se hablaba de salud familiar. Solo había tarjetones y fichas de papel.

La vida no era mala; nos cambiamos de casa un par de veces en los cuatro años que vivimos en Talca. Aprendí a querer la ciudad, a su gente, al Hogar de Cristo, su misión, al santo padre Alberto Hurtado y, lo más importante, a las personas mayores.

Yo fui la directora técnica del hogar de ancianos, donde vivían cerca de cuarenta adultos mayores, todos con vidas muy disfuncionales, drogadictos, situación de calle, soledad, pobreza y abandono. Este trabajo fue maravilloso; me permitió innovar, crear y cumplir desafíos, y no menos importante, conocer la realidad de muchos adultos mayores en Chile.

Sentía que crecía como persona y profesional, tanto en el Hogar de Cristo como en el consultorio.

Ya estaba disfrutando mi vida, mi trabajo, mi rutina, pero nos faltaba algo muy importante: tener un segundo hijo. No fue fácil. Muchos viajes a Santiago; no pasaba nada, todo se veía normal, pero no quedaba embarazada. Me citaron a Santiago para realizarme una laparoscopia exploratoria y, mientras esperaba el llamado, quedé embarazada.

Recuerdo que lo único distinto fue que bajé cuatro kilos y me dieron esa explicación, que podría haber sido un factor para embarazarme.

Tuve mucho miedo, ya que, después de mi hija, quedé embarazada y el feto falleció como a las ocho semanas. Por esto, tuve que entrar a pabellón dos días seguidos para realizar legrado;

es decir, sacar los restos del feto. Ahí fui paciente en una clínica particular con una muy mala experiencia, pues, para la segunda intervención, entra una profesional y me dice: «A la otra patita». No lo podía creer. Yo estaba muy triste y, obviamente, no dije nada; menos que era enfermera. Me volvieron a pinchar entre varias al no encontrar la vena. Me dejaron con suero y me solicitaron: «Avise cuando se acabe», lo que significaba mirar el goteo sin poder descansar.

El buen recuerdo de este episodio fue en el posoperatorio, donde una enfermera se preocupó de no traer el bebé de mi vecina para evitarme sufrimiento y, además, manejar mi dolor de inmediato. Cuando fui a mi control le dije al doctor que hiciera estudiar Enfermería a su equipo. Existía una relación cercana con él, ya que había atendido a su hijo; operaba en la Mutual de Seguridad y yo era la enfermera de pabellón en ese tiempo.

Ya en el 2001, este otro embarazo era muy deseado pero muy terrible. Desde la sexta semana vomité hasta que nació mi Bastián. Fue horrible; no podía comer nada, todo lo vomitaba. Me hospitalizaron 2 veces por deshidratación. Inspiraba lástima: náuseas todo el tiempo, noches enteras con dolor epigástrico y mi marido tratando de ayudarme, poniéndome ranitidina endovenosa (que no siempre lo podía lograr) pero era a horas en las que no quería molestar a mis colegas. Estuve en mi casa prácticamente postrada, con el suero colgando de la pared.

Cómo olvidar las veces que tuve que vomitar en la calle, tratando de disimular. Fueron nueve meses de terror físico. Yo estaba flaca, pero mi Bastián sanito y grande.

Le rogaba a mi médico que me lo sacara; ya no daba más. Y un 29 de marzo nació Bastián, sin saber si era hombre o mujer. De ser mujer, se habría llamado Florencia, pero fue mi príncipe.

Se terminaron mis problemas gastrointestinales. Nació como a las 20:00, y la matrona dijo: «Muéstrenselo a los familiares», y no había nadie. Mi marido estaba conmigo, y mi hija con mi mamá afuera de la clínica, hablando por teléfono y fumando. Esto fue un chiste familiar.

Nació y comenzó a llorar hasta los dieciocho meses, llorar y llorar. Lo llevamos a muchos médicos y el único que me convenció fue un gastroenterólogo infantil que me dijo: «Es su temperamento». No tomaba pecho, no tomaba mamadera, solo lloraba. ¿Se imaginan una mamá y enfermera con este escenario? No sabía qué hacer, solo llorar y estar siempre angustiada en vez de disfrutar a mi hijo tan esperado. A los tres meses lo llevamos a la sala cuna, ya que debía trabajar. Fueron tres días y luego tuvo neumonía, por lo que me lo hospitalizaron en el Hospital de Talca, Servicio de Lactante. Esto fue horrible, terrorífico e inolvidable. Te maltrataban como mamá. Recuerdo que tú debías estar al lado de la cuna de tu hijo sin moverte en lo posible, y menos tratar de consolar otro niño que estuviera llorando. Como a las 17:00 aparecía una auxiliar de enfermería y te preguntaba, sin ninguna delicadeza: «¿Comió? ¿Tiene fiebre? ¿Cómo son sus deposiciones?». No entendía nada. Yo era mamá; no sabía que tenía que entregar una especie de turno a una mujer que no veía durante todo el día. Y cómo retaban a las más pobres y con menos educación. No lo podía creer, y menos que una enfermera estuviera a cargo de un servicio tan delicado como lactante y permitiera estos tratos y procedimientos. Mi hijo de tres meses estaba con sonda nasogástrica y yo debía darle la leche, pero jamás me enseñaron o me dieron alguna indicación especial. Lo hice solo por ser enfermera, y en secreto trataba de explicarles a otras mamitas. En ese tiempo, hace dieciocho años, no había otro lugar en Talca para hospitalizar a un lactante con neumonía.

Les parecerá increíble, pero mi pediatra particular era la jefe del Servicio Lactante en esa época, y esto pasó un feriado, 15 de agosto, y me lo enviaron del SAPU a hospitalizar. Al llegar a recibir turno el primer día hábil, la jefa del servicio me mira y me dice:

—Y tú, ¿qué haces aquí?

—Es mi hijo, doctora. Recuerde que la llamé y me dijo que no parecía enfermera por lo alharaca que estaba. ¿Qué esperaba? Yo era la mamá, y mi hijo de tres meses sin comer, con fiebre, y yo rogándole que me lo fuera a ver al domicilio. Lo llevé al SAPU más cercano y al verlo la Dra., muy amable, me envía de inmediato al hospital. Fue terrible ver la negligencia del equipo del hospital, y eso que yo era enfermera y exfuncionaria de allí. Todos los días iba a las 07:00 a saber de mi hijo, pero las que me informaban eran las mamás que se quedaban toda la noche porque sus bebés tomaban pecho. Ellas me tranquilizaban y se preocupaban de mirarlo durante la noche. Recién a las 11:00, el médico te daba el informe de la evolución de tu hijo.

Imposible olvidar cuando me llama la enfermera jefe del servicio (en esos tiempos) y me dice que me debo calmar, que los niños se acostumbran y estará bien. Mi Escuela me enseñó a ayudarnos entre colegas. Esta mujer seguro recibió órdenes de la doctora jefe de servicio para que me hiciera callar y no provocara problemas. Esta experiencia fue triste; hasta mis papás lloraban al ver la situación. Pedimos el traslado a Santiago, pero no me lo dieron. Los tres, con mi hija, llorábamos al tener que dejar a Bastián solito en ese lugar. Solo me ayudó una interna de Enfermería de la Universidad Católica del Maule, donde estuve haciendo clases y prácticas con alumnas como un año. Ella me dejaba entrar en la noche pero, claramente, le tenía miedo a las auxiliares de enfermería. Yo pasaba 5 minutos y nos podíamos ir tranquilos a la casa después de mirarlo y tirarle un besito. No recuerdo haber visto una enfermera en los turnos de noche; solo auxiliares, todas reunidas llenando fichas y conversando, con muchos lactantes en diferentes salas. Por desgracia, no exagero, y ruego a Dios que esto haya cambiado y exista enfermería de calidad liderando estos servicios.

Al fin de alta, como a los siete días, no sabíamos qué hacer para que yo volviera a trabajar. Él solo tenía tres meses; débil, bajo de peso y sin querer alimentarse. A la sala cuna no podía volver y apareció un milagro: una nana muy especial (†), sin hijos, ya mayor, que adoró a mi bebé. Amó a mi Basti, pero con mi hija nunca se llevó bien, ya que ella era muy posesiva con su hermano y la nana no la dejaba tomarlo, pero fue la única manera de descansar un poco durante el día. Ella hacía todo lo necesario para que no llorara y comiera algo.

Fueron meses terribles. Dejé de lado a mi hija, pues mi hijo no repuntaba, no comía, no subía de peso y lloraba mucho. Lo paseamos por muchos pediatras y otros especialistas. No dormía más de una hora seguida hasta los dieciocho meses, que logró dormir cuatro. Nunca supe qué le pasaba. Como dije antes, el gastroenterólogo infantil me convenció de que era su temperamento. No hubo una causa orgánica a pesar de exámenes y estudios.

En este tiempo viajaba con los dos niños a Los Ángeles, o iba mi mamá a Talca, pero no sabían cómo ayudarme, ya que lloraba y lloraba. Esos viajes interminables, 250 kilómetros llorando y Valentina tratando de calmarlo, pero ella solo era una niña. Hasta que, después de transpirar todo el camino, llegábamos a Los Ángeles y solo me calmaba ver a mi familia. De vuelta, llegaba mi marido a buscarnos y era un poco más fácil, pero mi hija lloraba desgarradoramente por dejar a sus tatas y primos. Muy difícil.

Mi hija siempre era muy emotiva y con un gran cariño a la familia, a sus abuelos y a las personas mayores en general. Un día, caminando por el Centro de Talca, ella se puso a llorar al ver un adulto mayor pidiendo limosna en la calle. Muchas veces me acompañó al Hogar de Cristo, donde ayudaba como podía y hasta donde correspondiera a las tías, como ella las llamaba. Los abuelos le regalaban dulces y la trataban muy bien. Siempre ha sido generosa, muy cariñosa y respetuosa con las personas mayores.

Como chiste, les cuento que el coche de paseo de mi hijo nunca me sirvió. No podía pasearlo porque solo lloraba y se contorsionaba tipo exorcismo, por lo que yo daba pena.

Pasó el tiempo y, luego de tres años, a mi esposo le ofrecen trasladarse a Viña del Mar. ¡No puede ser! Yo tenía mis trabajos, mis redes de apoyo, y me tendría que ir de nuevo. Estaba tan cómoda en mis dos trabajos. Volver a renunciar no era fácil, pero, de nuevo, la familia era lo primero.

Otra vez *miedo*. Con dos hijos, buscar trabajo, colegio, casa, no sería fácil. Las dos mujeres nos fuimos llorando por dejar Talca, los amigos e incluso la nana que no nos quiso acompañar, yo creo que por su forma de ser; vivía con su mamá y jamás había salido de Talca, pero lloró desconsolada cuando nos fuimos.

De nuevo cargar un camión e ir a una incertidumbre increíble, al menos para mí. Realmente amaba a mi marido; hice muchos sacrificios por nuestra familia.

Llegamos a Concón, una comuna maravillosa de Viña del Mar, donde tuvimos una casa hermosa con vista al mar. Tuve muchas visitas de Los Ángeles y Talca, por tratarse de esta ciudad maravillosa y, por supuesto, por el cariño a mi familia.

Comencé a buscar trabajo una vez más y fui a un Cesfam de Concón, al que llamaban El Elefante Blanco por lo grande, por su color y, además, tenía SAPU las 24 horas. Aquí me contrataron en la sala ERA (Enfermedad Respiratoria del Adulto) a honorarios y con el compromiso de realizar el curso por dos semanas en Santiago. Gran sacrificio y *miedo* viajando a diario, estudiando brutalmente y lograr aprobarlo con un miserable 4 que luego acepté, ya que hubo como treinta profesionales que lo reprobaron habiendo cancelado bastante dinero en esos tiempos, me parece, como $ 400 000. Muchos lo costearon de forma particular. Yo iba enviada por el servicio; imagínense, lo hubiese reprobado.

Este trabajo fue raro, distinto. Trabajar con una kinesióloga encargada de la sala ERA que no creía ni conocía el trabajo de las enfermeras, y no se preocupaba que yo me diera cuenta de su molestia. Lo pasé mal, pero necesitaba el trabajo. Comencé a trabajar, a educar, a hablar con los pacientes de sus patologías cardiovasculares, del uso de los alimentos que les correspondía recibir, de sus problemas con su familia. Además de lo respiratorio con el uso y técnica de inhaladores, talleres antitabaco, prevención de exacerbaciones o crisis, manejo de crisis en sus hogares con sus inhaladores y todo lo que implica la enfermería con un paciente crónico respiratorio, con un gran componente de educación para su autocuidado.

Esta kinesióloga, con la que trabajábamos en el mismo box, entendió lo que hacía una enfermera. Me lo dijo en mi cara y eso me tranquilizó muchísimo, porque la idea era trabajar como un gran equipo. Me enseñó mucho; aprendí a auscultar y detectar ruidos importantes como crépitos, lo que en la universidad nunca fue parte de Enfermería, pero me ha servido mucho en mi carrera. Con el apoyo de médicos y kinesiólogos, al menos sé detectar la duda de un ruido «raro». Fuimos a su casa a comer con la familia, pero tenía un problema psiquiátrico. Tenía un comportamiento extraño e incluso terminé teniéndole pena, pues, a pesar de ser casada y con dos hijas, era una mujer sola, sin amigos. No obstante, era muy buena en su trabajo. Los médicos la llamaban para que les ayudara a auscultar a sus pacientes.

Al poco tiempo de irme de este Cesfam, supe que se había suicidado, ahorcándose en su casa. Qué pena por sus dos hijas, pero la mente es así cuando está enferma.

En este trabajo me pagaban muy mal, y comencé a buscar otras alternativas. Fui al Hogar de Cristo de Viña del Mar, cerca del Reloj de Flores, donde estaban sus oficinas. Yo venía del Hogar de Cristo de Talca y me dejaron como directora técnica del hogar de ancianos La Asunción de Peñablanca, con ochenta adultos mayores.

Renuncié al Cesfam de Concón y comenzó un tremendo desafío con muchas irregularidades y problemas que perjudicaban a los residentes del hogar en el momento de asumir el cargo.

El jefe administrativo fue a presentarme y a mostrarme el hogar; eran como las 16:00 y los residentes estaban acostándose, pues ya no comían hasta el otro día al desayuno. Eso me sorprendió y le pregunté si él resistiría sin comer tantas horas, se encogió de hombros y me di cuenta de que tendría una gran tarea.

Había autovalentes, dependientes leves y severos; era una inmensa casona llena de dormitorios de dos, tres o cuatro camas, separados por su funcionalidad. Existía mucha demencia, daños orgánicos por todo tipo de antecedentes de drogas, abandono, situación de calle toda una vida y se sumaban las patologías propias del adulto mayor, como hipertensión arterial, párkinson, diabetes *mellitus* con amputaciones, patologías psiquiátricas como esquizofrenia, insuficiencias cardíacas, desnutrición, entre otras. Lo extraño era que, a las cuatro, todos se acostaban. Solos o con ayuda, según la dependencia. Había un gran comedor, lavandería, un par de oficinas, una capilla, antejardín y un poco de patio con un parrón donde veías varias sillas de rueda en la sombra. Y sorprendían las voluntarias, que ayudaban mucho y regaloneaban a sus viejos con comidita que les hacía muy mal. Mi labor fue hacerles entender, sin ofenderlas, que debíamos ser un equipo para ayudar a los residentes a estar mejor. Obviamente, se hacían excepciones. Este fue el tema de un Diplomado en Gerontología que hice; es decir, el trabajo con el voluntariado.

Apenas inicié mi trabajo, hice un estudio del presupuesto y todos los gastos. Lo primero, no retiraban ningún medicamento del Cesfam a pesar de tenerlos a todos inscritos. Compraban todos los medicamentos a pesar de que su derecho era tenerlos gratis. Fui a una reunión al Cesfam con la asistente social del hogar y el director del establecimiento de salud. No les quedó otra que comenzar a controlarlos a todos y darles sus medicamentos. Además, logramos tener horas médicas en el Cesfam en forma diaria para el Hogar de Cristo. Recuerdo que dispuse una cuidadora de ancianos para que llevara los residentes a sus controles y mantuviera los medicamentos bien controlados. Se ahorraron millones con esto y, antes del mes, estaban desayunando, colación para diabéticos, once, cena y colación nocturna para los diabéticos. Costó; los viejos no querían cenar, se querían ir a acostar, pero al fin lo logramos.

Fui la primera enfermera que llegaba a las 08:00 a recibir turno, y había una disciplina muy importante para mí donde la prioridad eran los adultos mayores. Tal vez no todos me querían al principio, ya que no era un trabajo totalmente al lote sin la enfermería presente. Existían cuatro turnos con una auxiliar de enfermería y tres cuidadores de ancianos. Por supuesto, no faltaban los cuentos e irregularidades que, de a poco, se fueron terminando. Fui a la Universidad del Mar para hacer convenio y tuvimos alumnos de Enfermería a cambio de dinero para el hogar y varios computadores.

Fue maravilloso, y ahora teniendo computadores todos debíamos aprender computación. Me acerqué a la Universidad Santo Tomás de Viña del Mar y negociamos gratis un curso de computación para todos los funcionarios, incluyéndome, ya que no cachaba nada. Cómo olvidar al profesor que se reía de mí porque me faltaba escritorio para el mouse, pero yo feliz de capacitar a personas que apenas tenían el cuarto medio, la gran parte mayores de 50 años. Todos lo logramos y, además, negocié una beca total para un cuidador que estudiaría para Técnico de Enfermería. Él se llama Mauricio; inteligente, pelo muy largo y con tatuajes y aros, pero yo sabía que sería capaz.

Empezó a estudiar y no supe cómo le fue, pero no olvidaré sus últimas palabras cuando ya me despedía una vez más de este trabajo: «Nunca una mujer me había hecho llorar». Solo espero que le haya ido bien.

Fue un trabajo maravilloso. Hicimos muchas cosas, entre ellas: jornadas geriátricas, pasantías por el Instituto Geriátrico de Limache, donde conocí al geriatra José Luis Dinamarca, quien hablaba de la dismovilidad versus inmovilidad y ha escrito mucho de geriatría.

Hice amigos, excelentes asistentes sociales, y me enviaron a realizar un Diplomado en Gerontología de la Pontificia Universidad Católica (en Viña del Mar) y fui reconocida como la mejor alumna. Definitivamente me gustaron los viejos.

Conocer la obra del ahora santo padre Alberto Hurtado fue bello; me marcaron muchas facetas de su historia de humildad y entrega al prójimo. Él dijo, entre muchas otras cosas: «¿Qué haría Cristo en mi lugar?». Es una pregunta fuerte y me la hice en muchas ocasiones, incluso cuando me piden limosna y no quiero tocar las manos. Esto pasa; no soy una santa y yo creo que por la formación de Enfermería tenemos una obsesión por la limpieza y asepsia. Este trabajo fue el más bello de mi carrera, incluso pude contratar como por 4 horas un médico a la semana. Conocí en esos tiempos al director nacional del Hogar de Cristo, el Señor Benito Baranda, que lo escuchabas y jurabas que era sacerdote, pero es casado y con hijos. Con sus discursos lograba muchos socios, lo que significaba ingresos económicos importantes para mantener esta tremenda obra.

Pasaron muchas cosas tristes como, por ejemplo, encontrar funcionarias robando comida destinada a los usuarios. No fue fácil y los jefes locales también se sentían incómodos, ya que esto quizás pasaba de vez en cuando, pero traté de bajar el perfil. Evidentemente, las funcionarias fueron despedidas.

¿Se imaginan hacer un paseo con los residentes menos dependientes? Fuimos a Quinteros e incluso durmieron allá con las funcionarias cuidándolos, pero yo me volví a mi casa en la noche, y ellos en silla de ruedas, con andadores o bastones paseando cerca del mar. Les encantaba, y yo admiraba el entusiasmo y la paciencia de las cuidadoras.

El Hogar de Cristo nos necesita; todo se costea con los socios, donaciones, beneficios y mucho voluntariado, por lo que no debemos ser tan cómodos ni dejar de aportar, porque es más fácil creer que hay mal uso de los fondos que sacar de tu bolsillo.

La Cena Pan y Vino también es un ingreso pero no existe ayuda estatal, y hay muchos programas del Hogar de Cristo: hogares de ancianos, hospederías, centros abiertos para adultos mayores, trabajo con usuarios en situación de calle, refugios para mujeres maltratadas, entre muchos otros. El Hogar de Cristo realiza y costea programas que le corresponden al Estado. Hoy no tenemos lugares gratuitos suficientes para personas mayores sin redes de apoyo o que necesiten una atención más especializada. La brecha es inmensa, y cada vez será peor. Si no se interviene, tendremos más personas mayores en abandono total.

Como enfermera en Viña del Mar, daba clases después a las 17:00 a técnicos de Enfermería. El ramo se llamaba Anatomía Quirúrgica; era una ayuda más para el presupuesto familiar, que estaba regular. Como ven, hice de todo y esto me ha ayudado muchísimo a enfrentar mi actual trabajo.

Todos los días viajaba de mi casa 39 kilómetros a Peñablanca, pasaba a dejar a mi hija a su colegio en Reñaca (era la primera en llegar) y, luego, iba a las 07:55 a recibir turno al hogar. ¡Pobre! Mi niña llegaba a oscuras a su colegio, pero no alegaba; sabía que no había otra solución, pues su papá salía más temprano aún. Como ven, es una vida común pero que involucra muchos sacrificios físicos y emocionales. Sé que hay familias con muchos más sacrificios y penurias en su vida. Me solidarizo con todos los que sufren por diferentes razones.

Hacíamos reuniones con la jefatura de todos estos programas y eran muy entretenidas y cordiales. Las realizábamos en los diferentes centros en Peñablanca, Viña del Mar y Valparaíso. Los abrazos eran distintos en el Hogar de Cristo; sentías el cariño. Fue una gran época laboral y, como se dan cuenta, la gestión fue muy importante para mí como enfermera.

Pasando a mis dramas personales, se dio la oportunidad de evaluar una cirugía por mi hipermetropía y astigmatismo en el año 2005. Ustedes saben que dependía de mis lentes de contacto con mucho aumento. Estaba en una Isapre y me fui a operar a Santiago con una técnica LASIK en ambos ojos; me fue bien, mejoré bastante y veía mucho más sin lentes pero, pasando los años, igual tuve que usar lentes de contacto, solo que con menos graduación. Al menos podía ver sin lentes. Después, usé anteojos para leer por la presbicia.

Fueron dos días en Santiago. Me operaron un ojo cada día. Era extraño poder ver mejor; estaba muy contenta pero nadie entendía mi felicidad. Para entenderlo, hay que tener problemas de visión. Comencé a usar lentes de contacto desechables que nunca me provocaron infección.

Supe que mi hipermetropía no da buen resultado con LASIK, por lo que ahora he retrocedido y uso lentes de contacto con mayor graduación. Mi solución ahora es un lente intraocular que espero poder costear el próximo año, ya que ver mal para mí es un tremendo problema, como les he contado todo el rato.

Mi marido seguía en su empresa de transporte y cada vez las ganancias eran menos. Así son las empresas poderosas: si no estás conforme, te vas. Y empezó la posibilidad de volverse a Los Ángeles. ¡NOOO! ¡Qué *miedo*, de nuevo!

Vivir en Concón fue bellísimo. Íbamos en marzo a Playa Amarilla (casi desocupada) después de mi trabajo y disfrutábamos del sol suave y la brisa cálida. Nunca necesité más que una estufa eléctrica, y solo en ocasiones. Allá, las temperaturas en el invierno eran entre 10° en la mañana, y en la tarde veinte o más. La gente sentía un frío terrible. No saben lo que es el frío del sur; allá existe un clima que nos encantó. Muy poca lluvia pero temperaturas agradables, una ciudad llena de flores por todas partes y en cualquier época.

También pasaron cosas terribles en mi vida personal en Concón. Mi hijo se cae y se fractura el diente incisivo superior a los tres años. Una amiga dentista del Cesfam Concón me manda a Viña a tomar una radiografía; estaba fracturado en la base, por lo que debía extraerlo y volvimos con Basti en micro hacia la consulta de mi amiga en Concón. Mi esposo trataba de llegar de Santiago, yo creo como a 140 km por hora. Fue horrible el dolor; me explicaban que era el peor a ese nivel de la encía. Desde esa edad, sin un diente.

Sé que son accidentes, pero sí que se sufre en el momento, y tienes una impotencia terrible como mamá. Cómo no recordar cuando volvíamos en micro después de la radiografía y mi Basti me preguntaba: «¿Qué te pasa, mamita? ¿Por qué estas triste?», y yo lo llevaba al dentista a que le sacaran su diente. Y mi marido viajando angustiado desde Santiago.

Son accidentes, pero la lata es que tú como enfermera sabes que son evitables, y no habría sufrido tanto mi niño, tan pequeño.

Concón era, de verdad, hermoso, aunque pasé momentos complicados en mi relación de pareja y me sentía sola. Faltaba la familia incondicional, a pesar de lo bello del paisaje y la rutina de viajar en auto o en micro mirando y admirando el mar sin cansancio. Esto fue un privilegio maravilloso, pero los problemas económicos complican las relaciones y eso fue fatal para nosotros como pareja.

Un día en la mañana, camino a mi trabajo en Peñablanca, como las 7 horas (gracias a Dios, iba sin mi hija) en una zona de Reñaca donde queda la Virgen Negra, a orillas del mar, había un accidente y un cuerpo tapado que era el de un joven, hijo del alcalde Cornejo de Valparaíso en el 2004. Venía el SAMU, por lo que yo no paré, pero me he arrepentido siempre de no haberlo hecho y tocar la mano del joven para que no estuviera tan solo mientras llegaba su familia. Sabía que estaba muerto. Cada vez que paso por ese lugar me acuerdo de esto y me da mucha nostalgia, ya que yo era mamá y solo podía pensar en sus papás.

Laboralmente, estaba feliz. Mi trabajo en el Hogar de Cristo fue maravilloso y mis jefaturas me querían mucho como persona y como enfermera gestionadora, ya que ahorré muchos millones, y además les di una vida más digna a estos ochenta adultos mayores.

Esto lo logramos con un gran equipo, desde asistentes de ancianos, auxiliares de enfermería, un kinesiólogo y una gran asistente social que regaloneaba a los adultos mayores, además de su trabajo formal, relacionado con sus pensiones. Un día, llevó a un residente al centro de Villa Alemana a comprarse zapatos, y él estaba amputado de ambas piernas. Me contaba cómo era la cara del vendedor. El residente dijo: «No, después vuelvo. No me gusta ninguno». Yo la admiraba por su paciencia y cariño hacia los adultos mayores, a mi querida Mónica.

Este trabajo fue lo mejor de mi carrera, lleno de satisfacciones y logros para gente muy necesitada; lo amaba con todo mi ser. También con algunos chascarros; por ejemplo, me piden que lleve al hogar mi computador y yo, la ignorante en computación, llevo solo la pantalla sin la torre. Pero lo reconozco, era ignorante y hasta ahora lo cuento y me río. Como adulta en esa época, no tenía miedo al ridículo.

Sin embargo, el trabajo de mi marido no estaba bien y nos teníamos que volver a Los Ángeles. Casi me muero de la pena, mis jefes del hogar me rogaban que me quedara y yo no podía.

Estuve dos meses recibiendo el mismo sueldo por trabajar dos días a la semana, ya que viajaba de Los Ángeles a Peñablanca directo, toda la noche. Trabajaba ese día, dormía en un hotel muy sencillo y en la noche del otro día volvía a Los Ángeles. No me parecía justo y renuncié con el dolor de mi corazón. Nunca olvidaré esa despedida; fue muy triste y yo les dediqué a todos una canción de Luis Miguel, «Sueña». Lloramos todos y mi amiga asistente social, con lágrimas, dijo: «No seamos egoístas. Dejemos que vaya a hacer el bien en otro lugar donde la necesiten». Fue desgarrador para mí. Yo, que sufrí tanto por alejarme de mi familia, ahora sufría por dejar un trabajo.

Hicimos todo lo posible por repuntar y no tener que irnos de Viña del Mar, pero las cuentas no nos permitían seguir costeando esa vida.

Punto. Otra vez sufrir, llorar, y tener *miedo* a lo que me tocaría pasar en Los Ángeles.

Cargamos el camión y no teníamos casa propia, por lo que nos fuimos al campo de mis papás, quienes tenían una casa bastante cómoda como a 10 kilómetros de Los Ángeles. Mis problemas esos meses fueron la soledad y los ratones que sentía en el techo.

Mis papás nos pidieron nos fuéramos con ellos a Los Ángeles. Mi hija tenía 13 años y mi hijo 5, por lo que tenía que gestionar el colegio y el jardín.

Yo estaba sin trabajo, postulando a los Cesfam, pues había concurso. Gracias a Dios, quedé en el Cesfam Sur, aunque con *miedo*. No sabía qué haría; me perdía en los pasillos, sin oficina, dando vueltas y me asignan al AUGE y Atención Domiciliaria. Del AUGE no sabía nada, pero había un tremendo equipo de administrativas que lo sabían todo y me ayudaron muchísimo.

En Atención Domiciliaria no había nada. Primero, logré una oficina pequeña, un TENS, una kinesióloga y una doctora por algunas horas. Comenzamos a armar todo lo que te enseñan en la universidad: registros, estadísticas y el ingreso formal de todos los pacientes con dependencia severa y moderada con su respectivo plan de intervención familiar. Pedimos vehículo y chofer exclusivo para este programa, y cada vez fue creciendo y teniendo muchos usuarios inscritos. No era solo inscribir; debía intervenir y mejorar la calidad de vida de ellos y de sus familias. Muchas coordinaciones, ayudas técnicas y derivaciones a profesionales. Fuimos pioneros en este programa.

No puedo dejar de contar la historia de mi paciente Henry, de 33 años, con una lesión traumatológica cervical que lo dejó en una silla de ruedas. Lo encontramos en su casa, en una pieza, con ayuda de su madre y hermano, pero sin posibilidades de moverse ya que sus manos no podían movilizar su silla de ruedas. Comenzó el trabajo con el equipo y primero le conseguimos, a través de Senadis, una silla eléctrica que le daba mucha independencia. Luego, hablé con el director del Cesfam para que me autorizara a que él acudiera a realizar trabajo *ad honorem* en la oficina del AUGE con un *notebook*, con el compromiso de que terminaría la enseñanza media, pues solo había llegado a segundo medio. «Hazlo», me dijo, y comenzó a venir todos los días a trabajar y estudiar en las tardes. Lo más importante es que llegó a este equipo del AUGE maravilloso que lo apoyó siempre. Terminó su cuarto medio y fuimos a hablar con el director de ese momento, que es el que está hasta hoy. «Aquí estamos. Terminé mi cuarto medio y necesito trabajar». Le dieron trabajo por 22 horas en SOME y Fono Salud, recibiendo su platita además de su pensión y, lo más importante, tener una vida social llena de amigos. ¡Tarea cumplida! «Eres un valiente —siempre se lo dije— ¡lo lograste!». Hasta ahora, trabaja en ese Cesfam y nuestra comunicación no se ha perdido. Lo recuerdo siempre, ya que veo en mi casa su foto colgada con sus compañeros el día que se graduó de cuarto medio. Para mí, fue maravilloso recibir ese recuerdo de su parte. Éxito por siempre, querido amigo.

Fueron muchas experiencias maravillosas. Otra historia es la de un joven de tercero medio que va de paseo y por un piquero queda postrado en una silla de ruedas. Esto fue difícil, ya que él no estaba bien emocionalmente, pero un psicólogo del consultorio, incluso fuera de horario, lo ayudó mucho. Él era canchero, el payaso del curso, buenmozo, con polola. Su mundo cambió a una cama en su casa con su mamá, casi siempre triste, con lesiones por presión y otros inconvenientes. Un día le dije, con voz firme: «¿Qué quieres? ¿Quedarte por siempre en esta cama o salir a estudiar y cumplir tus sueños? Elige». Me contestó con timidez: «Quiero salir de aquí», y comenzamos a gestionar primero con la Dirección Provincial de Educación para que fueran a buscarlo y llevarlo al colegio, en ese tiempo Liceo de Hombres. Luego, coordinamos con el terapeuta ocupacional del Cesfam Dos de Septiembre, quien me ayudó muchísimo con él y otros pacientes, ya que en nuestro consultorio no teníamos a un profesional de esta disciplina.

Recuerdo que salimos en el diario local el día que llegó por primera vez a su sala de clases, por supuesto con compañeros nuevos de un nivel más abajo. Fuimos con la madre, el director del liceo, el terapeuta y la asistente social. Lo vimos bajar en la micro especial para discapacitados con su uniforme y mis lágrimas no paraban. El terapeuta le adecuó una mesa para su silla de ruedas y solicitó a sus compañeros ayudarlo, escribiendo con un calco para entregarle las materias. Él llegaba a tercero medio. Terminó el cuarto, dio la PSU y estudió Técnico en Servicio Social; actualmente está trabajando. Esto me llena el corazón por su valentía.

Se pueden lograr cosas amando lo que haces, amando la enfermería y amando al prójimo. Así hicimos muchas cosas; estas fueron importantes, pues eran jóvenes con toda una vida por delante. Les dimos lo necesario para que ellos solos fueran guerreros de la vida. Ambos lo lograron. Estoy orgullosa de ellos y de su valentía.

Y así, muchas experiencias. Principalmente con personas mayores con mucha soledad, discapacidades tan simples de solucionar pero que en este país cuesta mucho. Un ejemplo sencillo: tener audífonos y lentes y, si se te llegan a perder o romper, tienes que esperar años para renovarlos, y en estos años el adulto mayor puede morir o tener pésima calidad de vida, desde caerse hasta morir por no ver o no escuchar. Muchas lesiones por presión, mucha desnutrición y falta de ayuda social real y también médica. No basta con una pensión miserable que no les alcanza para nada, y menos cuando usan pañales.

Esto es urgente: mejorar todo lo que se refiere a jubilaciones y pensiones de todo tipo. No entiendo a los políticos que creen que con uno o dos bonos al año esto se soluciona. ¡NOOO, jamás! Tenemos profesoras de toda la vida que a los 80 años hacen clases particulares para que les alcance para sobrevivir el mes; no se dan gustos, almuerzan pan, pasan frío por falta de calefacción en casas que por fuera demuestran otra cosa. Entras y te da pena; frío, todo era tan antiguo que casi no sirve. Y eran modelos de profesores para sus alumnos. Ahora, de viejos, no les alcanza para satisfacer las necesidades básicas enseñadas en mi universidad. Salimos con el equipo con el corazón apretado y yo, la más vieja, me veo reflejada en ellos con mucho miedo. Estas personas necesitan ganar el doble, y aún es poco para darse un gusto. Qué estúpido e irreal que hablan de pasear y viajar por el mundo una vez que te jubiles. Prepárate para la vejez: si no hay cambios, aprovecha que eres joven y preocúpate de asegurar tu futuro. La única manera de tener una vejez digna es haber tenido grandes ingresos, invertir y, lo menos, contar con apoyo de la familia.

Créanme, en mi trabajo lo veo. Muchos profesionales, menos médicos y otros como ingenieros, dan pena, dan ganas de llorar, de ayudar y no sabes cómo. No podemos darles plata o comida; sería solo por una vez. Los miras y tienen una cara de angustia asociada a soledad, justificando a su familia por la falta de apoyo: «No pueden, ellos trabajan. Tienen su vida y sus gastos».

La familia no se hace cargo; por supuesto, hay excepciones. Deben recibir una jubilación o pensión digna. Además, son sus ahorros y el resultado de una vida de trabajo. Es lo que merecen.

Por favor, que aparezca un presidente humano que conozca esto, le afecte y sea su prioridad. Que nadie tenga miedo de jubilarse y de ser viejo. En Chile, los viejos no se tratan bien: a pesar de filas exclusivas o cosas así, se marginan. No les para la micro porque se demoran mucho, no los atienden si son muy viejos y tienen, por ejemplo, neumonía. Les dan como solución que se vayan a su casa para que no se contagien de cosas peores. He visto a mis pacientes morir por esto; no reciben por boca, que es lo que podemos hacer nosotros, pero tampoco reciben el tratamiento endovenoso. Evidentemente no todos los médicos toman esta decisión, pero sí hay, y yo los veo. Tuvimos una paciente que le dieron días de vida por la neumonía y la mandaron a morir a su casa hace dos años. Gracias al tratamiento oral que le dio el Cesfam, sobrevivió esos dos años. La urgencia tal vez embrutece porque no conocen el contexto familiar.

Algún integrante de mi equipo o yo hemos tenido que llamar al SAMU y decir: «El paciente ayer estaba bien, hoy con crépitos, sin comer por probable neumonía que está en el AUGE». Se les da su tratamiento y siguen vivos, siendo parte de una familia que los adora. Esto también debe cambiar y la solución es tener profesionales capacitados en geriatría con infraestructura adecuada y, lo más importante, con vocación.

En esta época yo hacía mucho SAPU. Recuerdo que nos llegó una familia angustiada con su familiar cargado, que estaba conversando y comenzó con dolor en el pecho. Era un infarto agudo al miocardio. Hicimos todo en conjunto con el SAMU. Primero, masaje torácico, respiración, vía venosa, intubación endotraqueal mientras venía el SAMU en camino. Nuestro médico no lo podía entubar, por lo que usamos Ambú. Llegó el SAMU y, solo con un conductor, pudieron entubarlo. A pesar de todo el esfuerzo de unos 40 minutos, falleció. Fue terrible y triste para nuestro equipo, y lo peor es que era hermano de un TENS. Pedí disculpas a su hermano, Manuel, pero no había nada que hacer. Llegó sin signos vitales y no pudimos lograr sacarlo del paro. La familia, con una pena desgarradora, recién estaba conversando con él, y ya no estaba. Nos dieron las gracias porque vieron nuestro esfuerzo. Esto es la medicina y la enfermería; esfuerzo al máximo para salvar la vida, pero no siempre es posible. Esto nos frustra y debemos buscar la manera de entender que la vida se va en cualquier momento y lo importante es poner nuestro máximo esfuerzo y amor.

Es tanto el esfuerzo físico al hacer masaje cardíaco que terminas con dolor en todos los músculos del cuerpo por varios días. Estas cosas pasan trabajando en salud. Tú lo das todo y la gente no siempre lo agradece; de hecho, nos agreden con cierta frecuencia. Yo creo que es un mecanismo de sacar su rabia con la vida. No quiero decir con esto que siempre espero agradecimientos, pero sí respeto.

Son miles de historias, pero algunas se quedan en tu corazón para siempre. Cómo no recordar a Don Luis, adulto mayor con dependencia severa, cuidado por su esposa y buenos hijos, pero cada uno vivía en su casa. En la noche, se preocupaban entre todos de pagarle a una mujer para que lo cuidara. Él tenía una secuela de accidente vascular cerebral. No entendía nada, solo emitía ruidos. Tenía hipertensión arterial en tratamiento con nosotros en su domicilio, donde iba médico, asistente social, kinesióloga, TENS y la infaltable enfermera. Usaba pañales y le daban la comida en la boca, ya que tenía una dependencia total. Su esposa y sus hijos lo adoraban y cuidaban mucho. Tenía una amputación supracondílea por una insuficiencia circulatoria. Pasaron muchos meses en que lo atendíamos con todas las prestaciones de nuestro Cesfam, incluyendo silla de ruedas, colchón antiescara y cojín antiescara para su silla, con toda la educación correspondiente; así como el retiro de alimentos del adulto mayor, entre otros. Por ejemplo, administrar complejo B a la esposa.

Un día llegamos y la cuidadora nos muestra su pie. Estaba helado, sin pulso, oscuro, por lo que sospechamos una patología arteriovenosa. Claramente, no estaba llegando sangre. Lo derivamos al hospital con una hoja de la enfermera y, con la situación encontrada, vino la ambulancia, lo evaluó un cirujano vascular y le dio la noticia a la familia. Debían amputar su otro pie; la esposa no quiso. Lo veía como una mutilación y lo dieron de alta con curaciones en su Cesfam, con nosotros como Programa de Atención Domiciliaria. No podíamos retarlos; era su decisión, pero yo no lo podía entender. Le decía a la esposa: «Él está bien, su problema es el pie y eso tiene solución». Bueno, fue ella la que tomó esa decisión. Lo curamos por muchas semanas, cada vez más tejido necrótico, huesos a la vista, mal olor, la pieza llena de moscas a pesar de ser una familia muy limpia en el sector Las Américas, en Paillihue.

Al final era insoportable e inhumano y hablé con toda la familia. Lo conversaron y decidieron amputarlo. Todo salió bien y estuvo vivo por varios años más. La familia necesitaba entender que la calidad de vida era lo más importante y, si fallecía en la cirugía, sería una muerte digna, pero si no se amputaba sería de la peor manera, con mucho dolor y con su pie totalmente gangrenado.

Don Luis acompañó a su familia un par de años más y le dieron mucho amor y cuidados.

Este es nuestro trabajo, de todos los que trabajamos en salud y, aunque digan lo contrario, muchas situaciones o decisiones van a depender del criterio, de la vocación, de las creencias, incluso de la personalidad y valores del funcionario de salud. Con esto quiero decir que de nosotros depende, muchas veces, la calidad de vida de un ser humano y su familia. Es así de importante nuestra labor.

Sigamos con la enfermería. Imposible olvidar una oportunidad que fui al Liceo Alemán a dar una especie de charla de la carrera, y una niña me interrumpe y me dice: «Las enfermeras hacen lo que les dice el médico».

¡Chuta! No es por desmerecer a los médicos, pero si así fuera, habría tenido uno que otro inconveniente en mi vida profesional. La enfermera no puede seguir una indicación médica si sabe que no es lo correcto y que provocará daño. Es decir, te vas a la cárcel si cumples una indicación médica que no corresponde, aunque el médico lo haya escrito en una orden. Esto es impericia; en otras palabras, no saber lo que es correcto, no tener la habilidad de hacerlo.

Ella lo dijo con respeto pero sin saber nuestra labor, y ese día me di cuenta de que no se conoce nuestro maravilloso trabajo. Debemos demostrarlo en nuestro quehacer; que se note la enfermería, no solo porque te atendió el de traje azul, sino que sea por su amabilidad, empatía y conocimientos.

Les pongo un ejemplo: en una ocasión, haciendo SAPU, recibo un folio de un niño menor de 12 años con indicación de una ampolla de Torecan intramuscular. Lo leí y pensé: «Esto no está bien». Me acerqué respetuosamente al médico y le expliqué mi aprehensión. Me miró, tomó el computador y buscó la indicación. «Gracias, Marietta. Me salvaste», y reemplazó el medicamento por otro. Esa es la diferencia entre una enfermera y la persona que pone un letrero en su casa: «Se ponen inyecciones». Esto les decía a mis alumnos de la Universidad Católica del Maule y a todos los internos de Enfermería. Estamos preparadas para cuidar profesionalmente y estamos en el Código Sanitario, por lo que tenemos una responsabilidad legal.

Tenemos el deber de velar por la prevención de enfermedades o lesiones. Es mi obligación que mis pacientes reciban los mejores cuidados, y eso implica decirle a la persona que hizo la indicación que no corresponde si no nos parece correcta. Además, en muchos turnos somos las enfermeras quienes decidimos la primera atención mientras llega el médico y las escribe en la ficha. Y les puedo contar que he sugerido a médicos cambios en sus indicaciones; esto es trabajo en equipo: complementar conocimiento y experiencias muchas veces. Todo esto basado en el respeto mutuo.

Recordemos que en el Código Sanitario, artículo 113 del Colegio de Enfermeras, dice:

Los servicios profesionales de la enfermera comprenden la gestión del cuidado en lo relativo a promoción, mantención y restauración de la salud, la prevención de enfermedades o lesiones, y la ejecución de acciones derivadas del diagnóstico y tratamiento médico y el deber de velar por la mejor administración de los recursos de asistencia para el paciente.

Por ejemplo, en una posta tuve una paciente de 40 años con cáncer de pulmón que estaba en Cuidados Paliativos y Manejo del Dolor. Llegamos al domicilio en el campo y ella estaba sentada, con mucho oxígeno, pero le faltaba el aire. Llegaba a tomarse de la cama con ambas manos de angustia. Fue muy fuerte verla sin poder ayudarla, pero llamamos al Servicio de Cuidados Paliativos y esta disnea era un síntoma refractario que no se estaba pudiendo manejar, por lo que ellos acudieron y le administraron un medicamento para realizarle una sedación paliativa y descansó, durmió y respiraba tranquila, falleciendo en dos días.

Yo, como enfermera, tenía que saber cómo ayudarla y evitarle este sufrimiento a ella y a su familia. Otro síntoma que en ocasiones no es posible manejar a pesar de usar todas las drogas del protocolo es el dolor.

Trabajé hasta el 2013 en este Cesfam. Lo pasé bien con gente linda, pero en esta época me separé de mi marido y sufrí mucho y, entre muchos problemas, obviamente faltaba la plata, por lo que trabajaba muchas horas extra haciendo clases y turnos, todo después de las 17 horas.

Se terminaba el amor, sumado a la crisis total de nuestra economía. Tomé mis cosas, las cargué en un camión con ayuda de mi hermano, y me fui de la casa a arrendar con mis dos hijos. Lloraba y llamaba a mi esposo sola, pero sabiendo que lo mejor era estar separados, por mí y por mis hijos. Sé que a mi hijo se le derrumbó el mundo. Perdón, hijo mío.

Saqué a mi hijo del colegio particular en el que estaba y a mi hija la mantuve con un gran esfuerzo personal. Ella pudo terminar en su colegio, pero mi hijo se fue a uno subvencionado donde hizo sus mejores amigos hasta el día de hoy, y lo pasó muy bien, gracias a Dios.

Este colegio de mi hija fue el mío desde cuarto básico, pero era otro colegio. Con otros valores, otra mentalidad y, lo peor, eran las famosas giras de tercero medio. En una reunión de mi hija, decidieron ir a Camboriú, Brasil, y eso significaba tener unos pocos millones de pesos en tu bolsillo porque nunca se trabajó, como en mis tiempos, para juntar dinero vendiendo en los recreos con los apoderados. Hicimos juegos infantiles en el colegio casi tres años para costear estos viajes, en los que fuimos a Arica y cruzamos a Tacna.

También, en esta reunión, se habló de ir a Bariloche. Esta era mi opción, ya que era la mitad de plata, pero éramos como tres que alzamos la voz diciendo que no teníamos tanto dinero, por lo que mi hija no podría ir. No me olvidaré de una apoderada que me dijo: «Si tienes a tu hija en este colegio, debes saber que existen estos gastos». Solo le contesté lo que pensaba: «La tengo aquí por la parte académica y porque fue mi colegio, no por una gira de estudios».

Siempre he dicho lo que pienso y eso ha tenido buenas y malas consecuencias, pero es parte de mi personalidad, principalmente en estos tiempos en los que me siento más segura.

Pasaron los días, y a los dos que dijimos que no teníamos dinero nos becaron con la mitad de los pasajes. Lo triste es que tú sabes que muchos más tenían ese problema, pero no lo dicen; será por vergüenza, por demostrar algo que no son o no tienen. Bueno, me sirvió, y mi hija fue y llevó platita regalada por sus tatas, su papá y yo. Lo pasó muy bien y en ese paseo todos eran iguales.

Hoy, me parece, ya no se hacen esas giras tan lejos fuera del país, pero no por tema de austeridad; al parecer hubo algunos problemas. He escuchado que van a Isla de Pascua, o sea, dentro del país.

¿Qué pasa con estos colegios católicos? Deberían fomentar en estos tiempos la austeridad, el respeto, la humildad, la generosidad y la empatía, entre muchos otros valores que deben venir o ser reforzados por la familia.

Yo necesitaba ganar más dinero para cubrir los gastos y pagar mis deudas. Un día, me ofrecieron hacerme cargo como jefe de carrera de un instituto donde daba clases, y era más plata. Cometí el terrible error de renunciar al Cesfam e irme a la docencia.

Error, porque no podía estar sin pacientes. Desde el principio, extrañé mi vida laboral anterior; era un ente que caminaba y no sabía qué hacer. Me enfermé del coco, como digo yo. Fui al psiquiatra porque era tanta mi angustia que no podía respirar. Síndrome angustioso generalizado; era tan terrible que le rogaba al médico que me ayudara, y me decía: «Tranquila, se te va a pasar», y yo le decía: «Prométamelo».

Estuve todo ese verano con licencia médica como un zombi; con crisis, con días mejores y días pésimos. Peor aún, mi hija viajó por tres meses a Estados Unidos a aprender inglés, por lo que estaba muy sola, con mi hijo y nuestra amada perrita, la Chica, la que estaba recién preñada al momento de viajar mi hija a EUA.

Yo, enferma, cuidando a mi hijo, a mi perra, saliendo a la calle a pasear los tres para poder respirar. Solo quería llorar y no volver a ese trabajo tan impersonal, lo contrario de mi personalidad de siempre; es decir, alegre, de piel, cariñosa, pero esto no era permitido en este nuevo trabajo. No podía ser yo.

Ese febrero falleció mi perra y logró nacer un cachorro: la Milagro. Un gran sufrimiento familiar; llorábamos todos y mi hija, por esto, se devolvió una semana antes de Estados Unidos, por lo que dejamos a la perra con hielo para que Valentina la pudiera ver y enterrar. El que tiene mascotas puede entender esto. Fue una tragedia familiar, todos llorábamos desconsolados y yo, con mi drama, aún con tratamiento.

Nació Milagro en febrero de 2014. Parecía un ratón blanco y yo no quería nada con ella. Debía tener muchos cuidados; mamadera con leche maternizada especial y estimularla para que orinara. Se hizo cargo una sobrina como un mes, porque yo no me sentía capaz de cuidarla, y mi hija estaba en clases estudiando su primer año de Ingeniería Comercial, que es a lo que se dedica ahora, pero en Santiago.

Esta situación tan angustiante me obligó a pedir ayuda a mi exmarido. Era tanta la angustia que mi cara se desfiguraba. «Ayúdame, por favor». Y desde ahí se hizo cargo de mí, de mis deudas, de alimentarme, de sacarme a pasear, de calmarme y de protegerme. Comencé a admirarlo y sentirlo como mi gran seguridad. Todo de a poco; yo estaba mal, no disfrutaba ningún paseo. Nada.

Paseábamos con mi hijo y con la perra Milagro, fuimos a Licán Ray, a Lenga, pero yo estaba un rato y solo quería volver a mi casa. Fui un cacho para mi familia. Era primera vez en mi vida que tenía una enfermedad mental y no se lo deseo a nadie.

En marzo tenía que reincorporarme a trabajar; estaba nerviosa pero más tranquila. Traté de pasarlo mejor, pero era difícil. Hice todo mi esfuerzo de aprender todo lo que es computación, programaciones y miles de programas específicos.

Era un trabajo tan distinto, de escritorio, y tratando de disciplinar a muchos alumnos con malas costumbres desde su casa. Fue duro; nunca disfruté mi trabajo. Lo aprendí mejor, pero nada más. Mi apoyo era una colega encargada de los campos clínicos, pero se embarazó y estuvo mucho tiempo fuera por problemas alérgicos importantes de su hija. Me sentí muy sola. No es lo mismo tratar con enfermeras que con profesores de otras especialidades.

Fue muy difícil; casi cuatro años en esto, más unas pocas horas a honorario en el Cesfam Dos de Septiembre, donde trabajo actualmente las 44 horas.

Un día fui a pedir trabajo para algún Cesfam y me dijeron: «Le damos 22 horas». Feliz, pero me duró poco, porque era en diciembre cuando ven quién sigue y quién no. Resulta que le iban a quitar estas horas a otra colega para dármelas a mí.

Fui a hablar con mi colega, en ese tiempo presidenta del Colegio de Enfermeras, y se lo planteé. Le dije que no tomaría esas horas ya que, de seguro, provocaría un gran problema. Ella me entendió y me ayudó a conseguir 11 horas en su Cesfam a honorarios, además del instituto. Así pasaron casi cuatro años y me ofrecieron 22 horas, y al fin logré un contrato a plazo fijo de 44 horas y renuncié al instituto. Gracias a Lucy y a Verónica por su ayuda, queridas colegas. Volví a sonreír.

Desde las primeras horas comencé a hacerme cargo del Programa de Atención Domiciliaria, el GES, pero lo fuerte fue la Atención Domiciliaria. Este era un Centro de Salud Familiar con sectores, y cada uno me entregó sus pacientes dependientes y armamos un equipo. Primero sola, con un TENS, y de a poco unas horas de médico, y ya hace dos años con un kinesiólogo y 22 horas más de enfermera. Esto por demostrar la gran necesidad y el aumento de este grupo, que pasaba todo el día mirando un punto, como decía mi papá.

Además, fue gracias a la bondad, empatía y eficiencia de nuestra actual directora, siempre pendiente de las necesidades de los funcionarios y usuarios.

Yo quería que mis pacientes pudieran pensar, moverlos, que vieran televisión, que se rieran, que los respeten y muchas cosas más. No es fácil; hay mucho daño en ellos y sobrecarga de los cuidadores.

Hacemos lo que podemos, pero falta, y les pido perdón porque quisiera ser millonaria solo para darles lo que necesitan, y que vivan calientitos en una casa digna, sin pasar hambre. Las personas mayores sufren mucho de soledad, de pena, de abandono y de muchas carencias básicas, como la calefacción, en el frío invierno de Los Ángeles.

Esto era lo mío; cambió mi vida. Era feliz. Llegaba al trabajo queriendo hacer cosas nuevas para ayudar a los viejos.

Me planteé un desafío: estudiar un Diplomado en Geriatría y Gerontología, y lo logré. Necesitaba saber para desenvolverme eficazmente en los Planes de Intervención Familiar.

En estos últimos años me han pasado muchas cosas, más buenas que malas. Lo peor, la muerte, primero de mi madre, y luego de mi padre. A ambos los atendí como enfermera, por lo que me arrepiento mucho. Pero, pensándolo bien, no habría sido capaz de delegar los procedimientos a mis familiares, también enfermeros, como mi hermana menor y su esposo. Yo me sentía responsable y todos confiaban mucho en mí, en especial mis padres. No es fácil poner una sonda nasogástrica a tu propia madre en el domicilio, sueros, aseo, prevención de lesiones por presión y todo lo que es la enfermería.

Uno no los quiere dejar ir; es toda una vida con ellos. Mi mamá falleció en el hospital con mi papá al lado, sus cuatro hijos y algunos nietos.

Yo ya conocía el trámite y en mi vida profesional vi mucha gente morir, pero era mi madre quien nos cuidó. Era muy fumadora, dueña de casa y muy trabajadora, siempre barriendo con un pucho en la mano. Fumaba mucho y nadie la podía retar por esto, ya que te llegaba una retada peor. Compraba los cigarros por cartones y los escondía en el mueble de la cocina y María, mi nana de toda la vida, era su cómplice. Mi papá le decía: «Viejita, no fume tanto», y se molestaba mucho. Al final, ya no le decíamos nada. Un día, unos quince años antes de morir, dejó de fumar, pero había fumado por cuarenta años, mínimo veinte cigarrillos diarios, y nunca más fumó, pero igual fallece de cáncer al pulmón y óseo a los 76 años. Le dio miedo pues uno de sus hermanos, mucho menor que ella y también fumador, falleció a causa de esto.

Todos estábamos contentos y más tranquilos sin ese vicio tan peligroso. Nos duró varios años más. Estuvo hospitalizada, ya que la querían operar de la columna, pero al hacer los exámenes fue imposible: sus huesos eran como tiza y con metástasis pulmonar. Decidimos llevarla a la casa, pues estaba con un delirio en el hospital que no le permitía dormir ni a las que nos quedábamos con ella, mi hermana mayor y yo. Eran noches terribles; ya no nos conocía, agitada. Yo me acostaba con ella por si se calmaba un poco, pedía calmantes, pero nada resultaba. Estaba sufriendo un síndrome confusional o delirio por su patología y por el cambio de ambiente de su casa al hospital. Esto les pasa a los adultos mayores, por lo que decidimos llevarla a la casa y acostarla en su cama. Se calmó unos días, pero cada día era peor. Ya no quería comer, y es ahí donde no eres capaz de aplicar lo que te enseñan en un paciente terminal: dejarlos ir. Hasta ahora me arrepiento de haberle instalado la sonda nasogástrica y hacerla sufrir con ese procedimiento solo para tenerla unos días más. Nos vimos sobrepasados; estaba muy mal y la llevamos al hospital donde falleció en unas pocas horas, con toda su familia a su lado, diciéndole lo mucho que la amábamos.

Para mi padre, su sufrimiento comenzó al perder a su compañera de toda la vida. Se sentía muy solo en una casa grande en la que todo le recordaba a su amada viejita. Nos decía que no podía dormir y lo íbamos a ver todos los días, pero en el momento de irnos se nos apretaba el corazón al verlo desde la ventana despidiéndose. Vivió dos años solo por su voluntad y, en muchas ocasiones, mi hermana mayor, mi hija y mi sobrino, iban a dormir con él para protegerlo, pero tenía que ser en la pieza de alojados. Él dormía solo y veía su televisión.

Mi hermana mayor, Jacqueline, le pidió que se fuera a vivir con ella. Él no quería hasta que, un día, se enfermó por una infección urinaria complicada y lo hospitalizaron. Al darlo de alta, se fue a vivir donde mi hermana hasta el día que falleció, viviendo con ellos dos años y medio. Ahí estaba cómodo, con una pieza especial para él que se construyó, con su baño y muy espaciosa. Me sentí tan tranquila; sabía que estaría bien cuidado y con nuestra nana de siempre, mis sobrinos, mi cuñado, todos de acuerdo con esta decisión. Y lo más importante, mi papá lo decidió.

Pero tenía cáncer pulmonar, y un diciembre llevamos los exámenes al médico con mi hermano. Él, muy serio y poco empático, nos dijo: «Le doy seis meses». Tenía un tumor en zona apical izquierda del porte de una pelota de tenis, y otros más pequeños. Además de su insuficiencia renal crónica, que ya estaba para diálisis.

Esto fue en diciembre y falleció en julio; casi exacto. Teníamos el problema de decirle o no a mi papá lo que tenía y que se iba a morir. No es fácil; ya tenía 83 años y estaba cognitivamente normal, caminando, leyendo y acudiendo a misa todos los domingos y realizando proyectos. Decidimos no decirle nada a pesar de que me han enseñado que sí debo decir a mi paciente que va a fallecer. No fuimos capaces, pero pensábamos que él sabía. Seguía haciendo planes de todo tipo pero se fue apagando, y su insuficiencia renal apuró todo. Comenzó con un dolor en su espalda; empezamos con tramadol y luego morfina, y mi hija y mi sobrino se quedaban en la noche cuidándolo hasta que ya estaba desesperado, totalmente perdido y confundido, pero sin dolor por la morfina y tramadol. Lo teníamos que contener; cada día era un esfuerzo para que no se angustiara ni sufriera, pero se mantuvo en su casa. Nunca lo llevamos al hospital, lo manteníamos sin dolor, de a poco se fue apagando como una vela, cada vez más tenue. Todos con él, arrodillados alrededor de su cama, le decíamos: «Te amamos, papá. Descansa, tranquilo», y sus manos azulosas hasta que dejó de respirar. Te amaré siempre, papá, y agradezco a mis compañeros de trabajo por estar siempre allí; eso se valora. Mi padre fue un ejemplo para mí de sabiduría, inteligencia, talento y, lo más importante, siempre me apoyó y me calmó en los peores momentos de mi vida. Él era un genio; sabía de todo y lo que no, lo investigaba y te lo explicaba.

Dejó de pintar dos semanas antes de fallecer y ahí está su pintura, inconclusa, en su escritorio de la casa de mi hermana, que fue su casa por más de dos años. Ese lugar es especial y me da mucha nostalgia estar ahí y admirar su pintura. Los primeros meses no podía estar ahí sin llorar; era como estar viéndolo, pintando sus paisajes en óleo con su imaginación impresionante.

Más miedos

Hoy, tengo *miedo* de jubilarme porque recibiré menos de la mitad de mi sueldo. ¿Qué les pasa? ¡Es mi plata! Me voy a morir de hambre y, peor, no podré darme ningún gusto. No te jubilas para pasear y hacer lo que siempre quisiste. Esto es porque no están las condiciones económicas y muchas veces la salud tampoco te acompaña. Además, mis intereses son propios y no me atraen los programas para todos los adultos mayores, como paseos, clubes u otras actividades.

Quisiera tener la posibilidad de hacer lo que yo quiera, pero no sé qué me depara el futuro. Tal vez seré una vieja autovalente, dependiente o, lo peor y más terrorífico a mi parecer, padecer de demencia. Esta enfermedad es una crisis total para cualquier familia y muchas veces el que menos sufre es el enfermo, pero los conflictos familiares son muy frecuentes debido a lo complicado de adaptarse a la evolución de esta enfermedad.

Sin embargo, hoy siento que lo peor será dejar de trabajar. Cambiar mi rutina, dejar de interactuar con pacientes, con compañeros de trabajo y no tener las herramientas para seguir ayudando desde el punto de vista de la enfermería.

Mi vida ahora

Soy enfermera, tengo un marido; me volví a casar con el mismo hace cuatro años, igual que una adolescente con fiesta y vestido casi blanco. Él me protege, es el padre de mis dos hijos; Valentina, de 26 años, ingeniero comercial trabajando en Santiago en un banco; y mi hijo de 19 años, Bastián, que quiere ser futbolista profesional. Terminó su cuarto medio en Santiago mientras entrenaba en las inferiores de la Universidad de Chile. Él nació para jugar a la pelota. Cuando pequeño, solo quería pelotas. Pateaba mandarinas, pelotas de papel y lo que fuera; lo peor, dentro de la casa, provocando uno que otro desorden o caídas y quebraduras de adornos que ya nunca más usé en mi casa. Yo le decía: «Pero, hijo, ¿no te gustaría ser médico?» y él contestaba: «Mamá, tú quisiste ser enfermera y eres feliz. Yo quiero ser futbolista». Nunca más le dije que no, y lo apoyaremos hasta los 21 años. Si no resulta, debe estudiar y él lo sabe. Pero es una pasión tan impresionante que, cuando no puede jugar, yo le digo que tiene síndrome de abstinencia, porque se desespera y busca la manera de hacerlo. Es muy constante con sus entrenamientos, además de exigente, y eso me tiene tranquila.

Mi hija, cansada de la exigencia de su trabajo, cumpliendo las metas que le demandan y siempre con miedo a que la puedan despedir. No es fácil trabajar en el área privada.

Al menos está pololeando hace un año y tiene una vida social que la distrae. Por estar en Santiago, tiene otras oportunidades que no se dan en regiones, y esto le ha dado una personalidad segura y fuerte por tener que resolver muchos problemas, o simplemente vivir sola y decidir su destino.

Yo, en mi querido Cesfam Dos de Septiembre, a cargo del Programa de Atención Domiciliaria con casi ciento diez pacientes con dependencia severa y moderada, atendiéndolos en su domicilio, tratando de mejorar la calidad de vida de la familia completa. No es sencillo; muchas cosas se traducen en plata a pesar de toda la gestión que tú puedas hacer. Les llevamos distintos profesionales a su domicilio, tales como nutricionista, asistente social, fonoaudiólogo, kinesiólogo, médico, terapeuta ocupacional... pero te das cuenta de que avanzas poco y los objetivos propuestos tal vez no son reales o deseados por la familia. Por esto, tratamos de conversarlo y llegar a un consenso con la familia y el paciente, cuando lo puede hacer.

Es una vida que pocos conocen, en la que se repiten problemas generales como depresión, sobrecarga del cuidador, pobreza, analfabetismo, ruralidad extrema, falta de hábitos higiénicos, soledad, abandono, miedo, enfermedades que te obligan a usar sondas para orinar o para alimentarte, dependencia total, no siempre contando con quien te cuide, te hable, te lave, te cambie ropa, te alimente, te cambie paños, o simplemente que te mueva para que no tengas lesiones. No es fácil estar un minuto sin moverse; inténtenlo, no es sencillo. Uno se mueve todo el rato sin darse cuenta. El ser humano siempre está en movimiento, desde correr a solo pestañear, por lo que no existe la inmovilidad, a no ser que se trate de un fallecido o un mueble.

Estas personas dependen de otros que los muevan y, si no, aguantar el dolor y no tener otra posibilidad, porque ni son capaces de hablar para decir lo que sienten. Bastan 2 horas para que su cuerpo se empiece a lesionar si no lo mueven, ya que no deja que pase sangre (por ende, oxígeno) y los tejidos se mueren y se ponen rojos, hasta negros, con profundidad hasta el hueso.

Este es nuestro mayor problema en el programa; las terribles lesiones por presión, que son prevenibles, pero la falta de redes de apoyo o redes que tienen algún tipo de dependencia, como cónyuges adultos mayores, se hace muy difícil, sumado a la falta de recursos económicos para una buena alimentación o mantenerlos secos con cambio de paños frecuente.

Cuesta exigir como enfermera a una familia que cuide a su enfermo como tú quisieras. Todo va a depender del contexto familiar; principalmente, los ingresos económicos y las redes de apoyo. La nutricionista se complica bastante, pues estos pacientes deberían recibir una alimentación muy especial, pero inalcanzable para muchos. Y yo, como enfermera, le debo decir que cambie pañales para mantenerlo seco, pero es imposible que lo cumplan por los costos de todos estos útiles de aseo. En ocasiones, hemos entregado pañales donados pero esta es solo una pequeña ayuda, aunque les sirve por algunos días y es solo una alegría del momento.

Pasan muchas humillaciones. Los tienen que lavar, ver sus aéreas íntimas. Incluso nosotros como equipo los destapamos, los curamos, les ponemos sondas por todas partes y, obvio, les avisamos e informamos lo que haremos, pero ellos no tienen otra alternativa que dejarse tratar. No es fácil; basta con ser empática y darse cuenta de que todo esto afecta su calidad de vida, su dignidad.

Siempre he exigido a mi equipo el trato personalizado, independientemente de que esté con daño cognitivo; siempre saludar al llegar, al irse, y llamar por su nombre, nos entienda o no. Siempre ser cordiales, cariñosos, preguntarles cómo están, aunque no nos entiendan nada o no nos escuchen. No es digno y es una falta de respeto tratarlos de «abuelitos»; jamás.

Como enfermera debes hacerles muchos procedimientos, pero, por favor, preocúpate de los detalles; de taparlos, de explicarles lo que harás, de tratarlos por su nombre. Detrás de cada uno de ellos hay una historia de vida y, en algún momento, ellos fueron los líderes de su familia y representaban el respeto y los valores familiares.

Muchos son tratados como «cosas», no personas, y yo no dejo de pensar en mí misma cuando veo estas situaciones. ¿Cómo será mi vejez? No quiero ser vieja dependiente, no quiero ser carga de nadie, no quiero que nadie me lave el poto o me cambie pañales como a una guagua. No. Prefiero morir. No me quiero ir a un hogar; la naturaleza debería dejarte vivir solo hasta cuando puedas hacerlo de manera digna, pero no es así. Vives mucho tiempo en forma indigna y muchas veces tú no puedes decidir tu destino.

Casi toda mi profesión he trabajado con la pobreza. Existen otras realidades donde los enfermos sanan y se van a sus casas cómodas y son cuidados con muchos recursos médicos y no médicos. Evidentemente, merecen mi respeto como enfermera y la mejor atención que pueda darles. Cualquier ser humano merece ser atendido con dignidad sin importar cargos, niveles socioeconómicos, religiones, hábitos, razas, ideas políticas u otros. Y he visto esto durante mi carrera, en la que he recibido indicaciones para dar una atención especial a determinada persona. No era necesario. Siempre he tratado a todos lo mejor posible.

Me preocupan las personas mayores, la falta de conocimiento por parte de todo el equipo de salud de sus necesidades, distintas a otros grupos etarios. La deshumanización hacia ellos en la atención, principalmente de Urgencia en los servicios públicos. Necesitamos un hospital geriátrico en Los Ángeles, Chile, donde no existe ningún geriatra y pocos profesionales no médicos preparados para atenderlos.

Además, con pensiones miserables, inhumanas. ¿Qué les pasa a los que gobiernan? ¿No les da vergüenza recibir su sueldo sabiendo la pobreza que existe en nuestro país?

Necesitamos con urgencia justicia y equidad. Los viejos se están muriendo de hambre, de frío, de pena y, ahora, ¡maldición!, con una pandemia de coronavirus.

Hoy, ya diciembre de 2021 en Los Ángeles, tenemos pocos casos y este libro ya casi estaba terminado. Esto que nos está pasando ha complicado la vida de todos, con miedo y con una tremenda responsabilidad, trabajando aún sin contagiarme, ni nadie de mi familia.

Creo que a este bicho no le tengo tanto miedo como a las malas decisiones de nuestras autoridades, que no han tomado las medidas en el momento adecuado; es decir, hace meses, haciendo colapsar las camas críticas y estar a punto de tener que elegir quién vive y quién muere en algunos hospitales de Santiago. ¿Con qué derecho? Chile no merece esto; nadie de este mundo lo merece. Se están muriendo los mayores, quienes soñaban con disfrutar su vejez, querían descansar, pasear; fueron los que me enseñaron mis valores y son muchos quienes ahora están asustados, encerrados para no contagiarse porque saben que son los primeros en caer.

Nosotros, como equipo, dándoles prioridad a ellos, tratando de que no salgan y llevándoles sus medicamentos y alimentos con un saludo de lejos, diciéndoles (yo, al menos) que soy un riesgo para ellos y que deben cuidarse. Pero a esto se suma lo que ya hemos dicho: la crisis económica que pretenden resolver con un bono miserable.

Los seguimos atendiendo en sus casas con todas las protecciones necesarias para no contagiarnos. Nos cansamos, nos subimos y bajamos muchas veces del vehículo del servicio con maletas, bolsos, vacunas, equipos de curación y cada vez cambiarnos nuestros delantales desechables, nuestros guantes y, por primera vez en mi vida, tener que cubrirme la cabeza con un gorro, usar mascarilla y escudos faciales, además de mis anteojos para ver de cerca. Todo empañado. Debo lograr, como sea, realizar los procedimientos, educar sobre la pandemia y sobre la patología que los aqueja, siempre tratando de prevenir y promocionar la salud. Aunque ahora nos ha tocado curar, cuidar más, consolar y apoyar.

Estaré ayudando hasta que esto termine para la sociedad o para mí. Por eso, soy enfermera y no dejaré jamás de dar atención al que me necesite. Esto no lo entienden mis hijos, quienes piensan que debo quedarme en casa para que no me pase nada, pero han tenido que entenderlo, aunque ha significado muchas discusiones. Ya saben que lo único que me pueden pedir es que me cuide.

Esta pandemia será parte de la historia del mundo y serán, o seremos, muchos de miles que van a fallecer. Espero que sirva para algo este sufrimiento; para ser mejores personas, para mejorar la calidad de vida de los chilenos, para mejorar la gestión de las autoridades y que le den a su pueblo lo que pide. Somos millones quienes pedimos las mismas cosas. Por favor, necesitamos empatía y que entren a la pobreza, que la huelan, la conozcan y la resuelvan.

Seguiré cuidando a los pacientes con dependencia con un tremendo equipo del programa y el Cesfam, liderado por una gran mujer y médico de familia que ha unido a los funcionarios, los ha protegido y nos ha dado la fuerza y voluntad de trabajar duro, sin cesar, a pesar de momentos difíciles e ingratos.

El discurso era que todo estaba controlado al principio de esta pandemia. ¡Mentira! Se están muriendo nuestros viejos de una generación sabia y trabajadora, llena de valores, entregados a sus hijos y nietos.

Nuestros pacientes siguen necesitando muchos procedimientos en domicilio como curaciones, cambios de sondas, ingresos por dependencias severas con complicaciones, toma de exámenes, controles cardiovasculares a descompensados, entrega de medicamentos y alimentos en domicilio. Trabajamos a toda máquina, y en la tarde el cuerpo te pasa la cuenta y la mente también. Quieres hacerlo perfecto y no siempre puedes o tienes los elementos adecuados para ayudar, empezando por pañales, suplementos alimenticios y comida en general, ya que la pobreza es extrema y no se soluciona con un bono. La mayoría de mis pacientes reciben $ 120 000 al mes.

El señor presidente no sabe nada de la realidad del pobre o incluso de la clase media. Creemos que es normal realizar un viaje a veinticuatro meses para las vacaciones, endeudarnos para todo. Creemos que eso es lo normal, ¡qué tontos! Estudiar en la universidad para vivir endeudados, y la gente más pobre te dice RICO. «¿Qué va a necesitar usted?» y a uno le da vergüenza rebatirle, sabiendo lo que ellos ganan. Esto es parte del famoso estallido social, que será otro drama más fuerte que el del año pasado, cuando se calme la pandemia.

Esto es una tremenda crisis sanitaria y económica, pero como funcionaria de salud debo centrarme en la vida de las personas, no en la economía. Eso es tarea urgente del gobierno. Necesitamos equidad. Suben un 40 % de un sueldo de $ 120 000, o sea, le sube a $ 160 000 al mes. ¿Qué tal? Deben dar las gracias. Se las dan porque creen que pasar miseria es normal y están acostumbrados, y votan de nuevo por los mismos que no harán nada por ellos.

Siento tanta impotencia como enfermera; no sé cómo ayudarlos si ellos creen en los políticos. Les dan una esperanza, votan por ellos y no los culpo.

Esta pandemia nos ha permitido ver terribles dramas. Jefes de hogar sin trabajo y sin bono, y yo como enfermera les debo decir «Quédese en casa». Soy una loca, no entiendo, ¿qué hago? La única solución la tiene este gobierno, o algún inteligente que tenga un poco de poder.

En las tardes llegamos al Cesfam cansadas, con el pelo aplastado, dolor de espalda, pero con la peor sensación de no poder ayudar más. También con el cariño de la gente que nos han tirado besos de agradecimiento y ofreciéndonos oraciones para que no nos enfermemos. Con eso se te llena el corazón.

Hoy, nos enfrentamos a otra pandemia, producto de la falta de controles cardiovasculares, con hipertensos descompensados, diabéticos amputados y, obviamente, mayor mortalidad y secuelas que aumentan la dependencia y, por ende, mayor necesidad de atención en los domicilios. Esperemos que las autoridades reaccionen y gestionen recursos para esta problemática.

Puedo decirles que no tengo miedo del coronavirus. Salgo a trabajar tranquila, bien protegida y feliz. No puedo negar que en estos meses siento, y les digo a mis compañeras de trabajo, que he envejecido, que estoy arrugada y mi espalda me duele. No sé si es porque fui al oftalmólogo y me subió el aumento, y ahora veo mis arrugas de las mejillas. No importa; así es la vida. No me puedo quejar por eso.

Tengo que disimular al llegar a mi casa que todo está bien. Solo lloraría mucho rato para tranquilizarme, pero no puedo.

Lo peor es pensar que esto pasará y no sé si estaré viva, pero no creo que haya cambios reales para la gente pobre y de clase media. La política es una porquería y una mentira reflejada en cada uno de ellos. Creía en los políticos; eso me enseñó mi padre, pero lo decepcionaron antes de morir, a mí y a toda mi familia.

«Si volviera a nacer, sería enfermera».

«No quiero ser la enfermera que enferma a sus enfermos, quiero ser la enfermera que protege, cuida y consuela».

«Para ser enfermera/o, debes amar al prójimo más que a ti misma/o».

«Morir ayudando es morir feliz».

LECTURAS RECOMENDADAS

Crónicas de un enfermero (Nehemías Fernández)

En primera línea: héroes cajamarquinos. Experiencias y reflexiones en tiempos de COVID-19 (Lorena Becerra)

Yo ronco, tú roncas. ¿Podemos enfermar mientras dormimos? (Sandrea Miranet)

El cáncer y yo. Renaciendo de la oscuridad (Yeimi García)

Psicologiando barreras (Luis Gallardo Rojas)

El 15q de mi hija y yo (Luis Solano Ayala)

Made in the USA
Columbia, SC
06 December 2022